ERES
MUCHO MÁS
DE LO QUE CREES

Título original: YOU ARE MORE THAN YOU THINK YOU ARE
Traducido del inglés por Roc Filella Escolá
Diseño de portada: Editorial Sirio, S.A.
Maquetación: Toñi F. Castellón
Ilustraciones de Lindsay Carron

© de la edición original
  2022 de Kimberly Snyder

  Publicado inicialmente en 2022 por Hay House, Inc.
  www.hayhouse.com

© de la fotografía de la autora
  John Pisani

© de la presente edición
  EDITORIAL SIRIO, S.A.
  C/ Rosa de los Vientos, 64
  Pol. Ind. El Viso
  29006-Málaga
  España

www.editorialsirio.com
sirio@editorialsirio.com

I.S.B.N.: 978-84-19105-74-5
Depósito Legal: MA-325-2023

Impreso en Imagraf Impresores, S. A.
c/ Nabucco, 14 D - Pol. Alameda
29006 - Málaga

Impreso en España

Puedes seguirnos en Facebook, Twitter, YouTube e Instagram.

 El papel utilizado para la impresión de este libro está **libre de cloro** elemental (ECF) y su procedencia está certificada por una entidad independiente, no gubernamental, que promueve la sostenibilidad de los bosques.

KIMBERLY SNYDER

ERES MUCHO MÁS DE LO QUE CREES

Iluminación práctica
día a día

EDITORIAL
SIRIO

Dedicado al bienamado Gurudeva Paramahansa Yogananda. Que tu luz brille para siempre y mediante este libro pueda llegar al corazón de quienes buscan la verdad. No hay palabras para expresar la gratitud y el amor que te tengo. Y a ti, querido lector, querida lectora. Si estás leyendo este libro en este momento, eres uno de los que buscan la verdad. Deseo que este libro contribuya a iluminar la verdad de quién eres realmente.

Otras obras de Kimberly Snyder
traducidas al castellano

Solución detox para la belleza natural: claves nutricionales para disfrutar de una piel radiante, una energía renovada y el cuerpo que siempre has deseado (2013 y 214).

Alimentación detox para la belleza natural: descubre los 50 alimentos más eficaces para transformar tu cuerpo, llenarte de energía y mostrar toda tu belleza (2015).

Poder detox para la belleza natural: cómo nutrir el cuerpo y la mente para potenciar la belleza interior y exterior (2017).

Belleza radical: los seis pilares para la salud integral (2022) (con Deepak Chopra).

ÍNDICE

Tercera parte

PRIMERA PARTE

Capítulo 1

ERES MÁS DE LO QUE CREES

Descubres que, aun cuando no lo sabías, ha existido desde siempre en tu interior algo verdaderamente grandioso.

— **PARAMAHANSA YOGANANDA**[1]

DESCUBRIR EL CAMINO

*E*res más de lo que crees.

Oír estas palabras puede ser una provocación. Lo sé por experiencia propia, porque tuve que escucharlas de la boca de mi madre mientras iba haciéndome mayor. No me lo creía. En realidad, pensaba todo lo contrario.

Al igual que la mayoría de las muchachas y, en realidad, de la gente en general, batallaba con mi autoestima, dudaba de mi inteligencia, cuestionaba mis capacidades, y siempre me preguntaba si habría o no habría alguien que pudiera quererme. A dondequiera que fuese, llevaba sobre mis hombros una pesada carga. Sufría ansiedad, no dormía bien y desde luego no sentía la paz en mi interior. Ningún tipo de sosiego. No; era un manojo de nervios y pasaba gran parte del tiempo obsesionada con mi aspecto, mis logros y lo que los demás pensaban de mí. Una realidad, cuando menos, agotadora.

Pero todo empezó a cambiar un día en que entré en una pequeña librería de Rishikesh, en la India, cuando tenía veintipocos años.

Por entonces, llevaba más de dos años de mochilera, parte de un viaje al finalizar mis estudios en la universidad, cuyo objetivo era ver y vivir culturas diferentes antes de dar el salto al «mundo real» del trabajo y las responsabilidades. En realidad, el viaje se prolongó tres años, en los que visité más de cincuenta países. Como puedes imaginar, quería permanecer lejos del «mundo real» todo el tiempo que fuera posible.

Así que, al regresar a casa, era como una hoja arrastrada por el viento. No tenía ningún gran plan y mi tendencia me remitía a países y lugares donde pudiera comer, vivir, tener aventuras y mantenerme con un presupuesto muy modesto. La India era un lugar ideal para tal propósito. Y Rishikesh, situada en las laderas de las montañas del Himalaya (y llamada capital mundial del yoga), parecía un lugar interesante para vivir con muy poco dinero.

Sucia, llena de polvo y necesitada de una buena ducha, encontré un *áshram** donde podía alojarme por unos pocos dólares al día. Pero había trampa. Para mantenerme ese precio económico tenía que comprometerme a hospedarme dos semanas, asistir a las obligatorias sesiones de yoga y clases de meditación, y realizar algún trabajo de servicio en las zonas comunes.

Allí tuve mi primer contacto con el yoga. Eran unas clases muy tradicionales, centradas primordialmente en los ejercicios de respiración y la meditación, y no el yoga americanizado de puesta en forma tan popular en mi país (aunque por aquella época, habría sido incapaz de ver diferencia alguna).

---

* N. del T.: Lugar de meditación y enseñanza hinduista, tanto religiosa como cultural, en el que los alumnos conviven bajo el mismo techo que sus maestros.

Un día, con el ánimo de explorar y hacer un receso en aquel mundo de silencio y monotonía, decidí salir del mundo insular de la comunidad *áshram* y adentrarme en el mundo colorido y frenético de la sociedad india que se hallaba al otro lado de las puertas. No podía imaginar que aquel día cambiaría por completo el curso de mi vida.

Al otro lado del muro que circundaba el jardín, por así decirlo, monos y vacas iban vagando por las calles, y en cualquier esquina aparecían a toda velocidad los bicitaxis, decorados con fotografías brillantes y de todos los colores del arcoíris de deidades como Shiva y Rama. En las calles se alineaban tenderetes donde se exponían semillas de *rudraksha*,* pequeñas estatuas, alimentos fritos y guirnaldas de flores de color naranja. Mientras asimilaba todo lo que tenía ante mis ojos, vi una pequeña librería espiritual de tejado inclinado, repleta de libros sobre yoga y meditación. Decidí entrar.

Estuve hojeando un minuto o dos. Luego ocurrió algo extraño. Sentí como si una cuerda tirara de mí y me llevara a un estante en que había varios libros de color azul pálido, con solo el título y el nombre del autor impresos en negro en la cubierta. Abrí uno de aquellos libros azules (que afortunadamente estaban escritos en inglés), titulado *The Universality of Yoga* [La universalidad del yoga], de Paramahansa Yogananda. Nunca había oído hablar del autor, pero, después de leer las primeras palabras, empezó a ponérseme la piel de gallina. Y al cabo de varios minutos leyendo sobre la posibilidad de la transformación personal, sentí como si me bajara una lengua de «fuego» por la espina dorsal. No era calor, sino algo más parecido a una oleada de energía que jamás había sentido con anterioridad. «¿Qué es esto?», pensé. Seguí leyendo. Parecía que

---

* N. del T.: *Rudraksha* es una planta cuyas semillas se utilizan en el hinduismo y el budismo tradicionalmente como cuentas para orar.

la energía aumentaba y cobraba mayor fuerza. No pude dejar ese librito de nuevo en su sitio.

Se diría que las palabras de Yogananda se abrían paso entre mi alma con sus ideas de autorrealización de quiénes somos realmente, cómo acceder a una auténtica fuerza interior (fuera lo que fuese), el concepto de «alegría siempre nueva» y paz, y la interconexión de todas las cosas y toda la energía. Es posible que hubiera oído antes fragmentos de estos temas, a mis amigos *hippies* y a caminantes sin rumbo que te encontrabas por las carreteras, pero nada parecido a las auténticas bombas que salían de los escasos párrafos que estuve ojeando. Inmediatamente compré el pequeño libro por treinta rupias... y todos los demás libros de Yogananda que había en el mismo anaquel.

Aquellos libritos me cambiaron literalmente la vida. Pasé de ver las cosas desde una perspectiva limitada y materialista a tener una visión ampliada de una realidad nueva. Me daba la sensación de que llevaba años con la camiseta puesta del revés y, de repente, alguien me enseñaba a vestirla correctamente. *Vaya, el logo va delante.* Poco sabía por entonces que aquella pequeña introducción a las enseñanzas de Yogananda lo cambiaría todo en mi vida, no solo para mejor, sino para lo mejor que pudiera imaginar.

Increíble. Solo con unas pocas palabras, Yogananda se había dirigido a mí, repitiéndome lo que tantas veces me dijo mi madre:

Eres más de lo que crees.

Y tú, estimado lector, estimada lectora, también eres más de lo que crees. Este libro te ayudará a descubrirlo.

ILUMINACIÓN ES LIBERTAD

Como otras muchas personas, he pasado una cantidad considerable de tiempo buscando algo, sin saber nunca de qué se trataba: aceptación, aprobación, un buen novio (y posterior marido), dinero... Pero cuando tuve la suerte de conseguir todo lo que figuraba en esa lista, seguía sintiendo que me faltaba algo. Con el paso del tiempo y la ayuda de Yogananda, me di cuenta de que lo que estaba buscando debía proceder del interior, porque nada externo, ni siquiera las cosas más extraordinarias, podía llenar nunca ese vacío que todos sentimos.

Lo que andaba buscando todo el tiempo era la libertad. La libertad de ser yo; de sentirme diligente, alegre y en paz; de vivir la vida que considero buena y auténtica; de proponerme alcanzar lo que comprendí que debía ser el trabajo de mi vida: concretamente, servir a los demás.

Descubrí que existía un mundo espiritual para la libertad que buscaba: la *iluminación*. Fue la iluminación lo que me ayudó a ver quién era realmente. Y, ¡vaya!, era más de lo que nunca pude haber imaginado.

La iluminación parece un concepto pomposo y abrumador. Algo que solo consiguen unos pocos privilegiados, como Buda o Jesús. Pero, en realidad, no es tan desalentador.

Estar *iluminado** significa estar completamente despierto. Atento al caudaloso fluir de alegría y amor que brota constantemente del interior. Este es el lugar en el que vivieron Buda, Jesús y Yogananda. Y tú y yo también podemos vivir en él.

Pero seamos sinceros: lo más probable es que la mayoría de nosotros no lleguemos a la cima de esta montaña de la iluminación. No deseo ascender hasta la cumbre del monte Everest (8.849 metros), pero no me importaría llegar al campamento base (5.182 metros) para contemplar, de cerca, la majestuosidad del Himalaya

---

* N. del T.: Por razones prácticas, se ha utilizado el género masculino en la traducción del libro (excepto en ejercicios y prácticas, en los que al tratarse de instrucciones directas se han combinado ambos géneros). La prioridad al traducir ha sido que la lectora y el lector reciban la información con la máxima claridad y fluidez.

(que sería mi siguiente viaje). Pero el simple hecho de iniciar el *camino* que lleva a la iluminación puede facilitarnos a ti, a mí y a cualquier persona un impresionante ascenso en todos los aspectos de nuestras vidas, incluidas la salud, las relaciones, la carrera profesional y hasta nuestra economía.

Y tal es el propósito de este libro: abrirte un camino hacia la iluminación para que también tú puedas experimentar que eres más de lo que jamás pensaste que fueras. Con la iluminación alumbras con luz radiante a quien realmente eres. Cuando el camino está iluminado, puedes ver más allá de las limitaciones que adivinas ante ti y acceder al poder de descubrir que eres mucho más que las ideas que hoy puedas tener sobre ti mismo.

Ahora bien, para abrir todo lo que puedes ser —para vivir esta experiencia de la iluminación que cambiará para tu bien todo lo que hoy tienes en la vida—, es necesario que accedas al poder del verdadero *Ser*. No al yo inseguro y angustiado de las imágenes de las redes sociales y las dietas de moda que hacen que constantemente te compares con los demás para después preocuparte por no ser todo lo bueno que deberías, sino el *tú* auténtico, el *tú* sin límites que tiene acceso a un potencial y unas posibilidades ilimitadas.

EL VERDADERO *SER*

¿Qué es, pues, el verdadero *Ser*? Para responder esta pregunta se podrían escribir libros enteros. Y, de hecho, gran parte de los muchísimos escritos de Yogananda analizan minuciosamente este tema. Pero, para lo que aquí nos proponemos, permíteme que te dé esta sencilla definición: *el verdadero Ser es la inteligencia firme, afable, sincera, valiente, pacífica y creativa que habita en cada uno de nosotros.* Esta inteligencia es algo que llamamos alma, amor, conciencia universal o Dios. Es la parte divina de quien eres.

Es el tú que experimentas cuando todo el motor marcha a la perfección, cuando estás alerta, centrado y feliz por estar vivo. ¿Conoces esa sensación que te invade cuando, pese a que todo ese mundo peculiar tuyo se desmorona —no encuentras las llaves de casa y el bebé acaba de ensuciar el pañal, justo cuando recibes un aviso de que tu cuenta bancaria se ha quedado sin fondos—, sientes el zen, en paz y tranquilo? Pues bien, esta es una experiencia del verdadero *Ser*.

Para Yogananda el verdadero *Ser* es un reconocimiento de esta presencia divina que llevas dentro de ti. Y aconseja: «Medita todas las noches [...] y siéntate en el templo de tu alma, donde la inmensa alegría de Dios se expande y envuelve este mundo, y te das cuenta de que no hay nada más que Eso. Entonces dirás: "Soy uno con la luz eterna de Dios"».[2] Esto significa que no existe separación entre tú y la poderosa fuerza creativa que mueve a todas las personas y a toda la creación.

Y, sin embargo, la mayoría no nos sentimos divinos, ni mucho menos. Y la razón es muy simple. Hemos olvidado cómo ser quienes realmente somos. Por decirlo de algún modo, nos hemos quedado dormidos al volante y vamos conduciendo con los ojos completamente cerrados por una carretera de muchas curvas, baches y cruces peligrosos. Descubrir quién eres de verdad —darte cuenta de que eres más de lo que crees— implica despertarte y asumir el control de tu vida, dejando que el verdadero *Ser* que albergas en tu interior se haga cargo del volante.

Vamos a empezar con un breve anuncio de interés público: antes de proseguir, es importante señalar que Yogananda fue un líder y escritor espiritual. Sus libros y conferencias siempre se refieren a Dios. Pero hablaba de Dios no como una forma de promover dogmas o normas, sino como un camino que nos lleve a aprovechar al máximo nuestro potencial. Si, mientras vayas leyendo, la palabra

Dios hace que te sientas incómodo, sustitúyela por *amor*, *alma*, *conciencia universal* o *poder superior*.

En definitiva, no dejes que los nombres se te interpongan en el camino. La finalidad de este libro es enseñarte a ampliar esta experiencia del verdadero *Ser*, de modo que no sea algo pasajero, sino algo que lleves contigo durante todo el día.

Las enseñanzas de Yogananda ofrecen un mensaje universal que respeta todas las religiones, orientales y occidentales. Tanto si crees en Dios como si eres agnóstico, el yoga une creencias opuestas mediante el amor y la conexión. El yoga no pretende sustituir ni usurpar tu sistema de creencias. Al contrario, su propósito es mejorar y elevar todas las partes de tu vida: tu mente, tu cuerpo y, definitivamente, tu alma.

El Kriya yoga

En Occidente se nos enseña a menudo a pensar que el yoga consiste en aprender cómo hacer determinadas posturas o *asanas*. Tal vez hayas asistido a algunas clases de yoga, incluso de forma regular en el gimnasio o el estudio de tu barrio. En ambos casos, la parte física es solo una pequeña parte (en los tipos de yoga como el *Hatha* o el *Vinyasa*), pero no es este el tipo de yoga del que aquí hablamos. El yoga no consiste en simples movimientos físicos, sino que es una ciencia profunda que desde hace miles de años acumula conocimientos orientales que pueden enseñarte a ir más allá de las limitaciones que tú mismo te impones, tus miedos y tu falta de confianza. Contiene los principios y los secretos que te ayudarán a crear tu vida, atrayendo lo que deseas, reconstruyendo tu cuerpo y tu aspecto, y alcanzando una paz y una dicha intensas en tu experiencia cotidiana de la vida.

Las enseñanzas de Yogananda se centran en el Raja yoga, el camino real o de mayor rango del yoga, que combina la esencia de todas las demás ramas del extenso sistema de esta disciplina. En el centro del Taja yoga está la práctica de unas precisas técnicas científicas de meditación y *pranayama* (control de la fuerza de la vida) conocidas como Kriya yoga. Yogananda llamaba a este tipo de yoga una «superautopista», la vía más efectiva para experimentar el verdadero *Ser* y el camino más directo hacia la felicidad. En 1920, Yogananda fundó *Self-Realization Fellowship*. Allí enseñaba a otras personas a desarrollar la conciencia espiritual mediante la ciencia del Kriya yoga. Y, lo más importante, mostraba cómo podemos usar estas prácticas en la vida diaria.

Pero, como ya he mencionado anteriormente, es posible que en este preciso momento no te sientas efusivo, cariñoso, valiente, sosegado ni creativo. Es fácil quedarse atrapado en la ansiedad, el aislamiento, la limitación y la sensación de ser insignificante. Y si estás leyendo este libro, existe la posibilidad de que algo como desarrollar una relación con tu verdadero *Ser* no sea importante ni urgente en modo alguno. Es posible que lo único que te preocupe sea de dónde vas a cobrar la próxima nómina o si alguien querido tendrá fuerza suficiente para combatir una enfermedad terrible. Lo entiendo. Centrarse en la vida cotidiana es esencial. No digo que no lo sea. Pero puedo afirmar, sin la mínima duda, que acceder al verdadero *Ser* es lo más importante que podrás hacer. No solo te va a cambiar la vida: *te la va a salvar*.

¿Cómo lo sé? Porque me la salvó a mí. La razón de mi entusiasmo por compartir contigo las enseñanzas de Yogananda, que es el núcleo de la auténtica ciencia yóguica, es porque cuando empecé a estudiar y a vivir estas enseñanzas, *todo* en mi vida cambió drásticamente y mejoró de forma increíble. Es cuando comencé a escribir libros y a crear realmente mis sueños. Poco a poco, pasé de ser un amasijo inseguro de nervios a sentirme cada vez más ligera y más alegre. Sirviéndome de estas enseñanzas, superé muchos problemas y dificultades (de los que te voy a hablar en las próximas páginas) y empecé a sentir la verdadera felicidad, sostenible y real, por primera vez en mi vida. No eran esos subidones de las fiestas o celebraciones bulliciosas, sino algo que sentía todos los días, en todo momento.

Siempre me ha apasionado compartir con mis lectores lo que a mí me ha ido bien, de ahí que haya expuesto mi filosofía alimentaria y los principios por los que se rige mi modo de vida en libros anteriores. Pero esta es la primera vez que comparto contigo mi manual de estrategia para crear una existencia increíble, exitosa y realmente feliz en *todos* los ámbitos de tu vida.

Son muchos los que me preguntan: «Bueno, pero ¿cómo empezaste? ¿Y cómo creaste un negocio que te encanta? ¿Cómo atrajiste a tu alma gemela? ¿Y, de verdad, cómo conseguiste tanta vitalidad y estar tan sana?». **Lo que vas a leer en este libro te va a enseñar exactamente cómo pude acceder a mi verdadero *Ser* y después aplicar a mi vida todo aquello que pudiera mejorarla. Cuando me di cuenta de que era más de lo que jamás había imaginado, pude crear la vida de mis sueños. También tú puedes hacerlo.**

Cuando miro a mi alrededor, observo que las enseñanzas de Yogananda son hoy más necesarias que nunca. Actualmente, existe en el mundo más ansiedad, confusión y descontento de los que tal vez nunca hubo antes. Y con la atención de la gente puesta donde todo ello se encuentra, y con la mayoría de nosotros informándonos y buscando respuestas en los efímeros noticieros y redes sociales cotidianas, tengo la sensación de que estos auténticos tesoros, enterrados en densos libros y textos que no forman parte del ciclo de las noticias, pasan desapercibidos para la mayoría de la gente. Y, sencillamente, no podía permitir que ocurriera tal cosa.

Por este motivo he leído y releído miles de páginas de escritos y transcripciones de Yogananda, para exponer algunas de sus enseñanzas básicas de forma que te sea accesible y útil. Quería cavar hondo y profundizar en sus ideas para ofrecerte las auténticas joyas de estas enseñanzas, que no solo son útiles sino que te cambian la vida. Desde aquel día en Rishikesh, he estado viviendo y respirando las enseñanzas de Yogananda. Es mi gurú espiritual, y le reconozco el mérito de haberme ayudado a crear todo lo bueno que hay en mi vida, incluidos la paz, la alegría, una hermosa familia y un trabajo plenamente satisfactorio. Y ahora tengo el honor de compartir contigo la sabiduría de mi maestro.

Descubrirás que encarnas unos atributos que te otorgan una fuerza extraordinaria para realizar el cambio y crear una vida dichosa, apasionante, profundamente satisfactoria y épica. Solo tienes que aprender a *acceder* a estas cualidades, que irás descubriendo en cada capítulo de este libro. No se trata de «conseguir» ninguna de estas cualidades, ni la iluminación, sino de percatarte de que tú ya *eres* todas ellas y dejar que afloren.

PARAMAHANSA YOGANANDA

Así pues, ¿quién es exactamente Yogananda? ¿Y por qué es importante?

Yogananda fue un monje nacido en la última década del siglo XIX, miembro de un linaje de eminentes maestros espirituales que trajeron al mundo el Kriya yoga, que incluye técnicas de meditación específicas antiguas y sagradas. En 1920 pasó a ser uno de los primeros maestros de la India en aventurarse a introducir y difundir las enseñanzas yóguicas en Estados Unidos para ayudar a las personas del mundo occidental. Después de esto solo volvió a la India una vez, ocasión en que conoció a Mahatma Gandhi y lo inició en el Kriya yoga.

Yogananda fue un prodigio espiritual desde su niñez. Sus padres eran discípulos del famoso maestro de yoga Lahiri Mahasaya. Siendo él aún un niño, la madre de Yogananda lo llevó a Lahiri Mahasaya, quien le dio su bendición y profetizó que un día sería un gran gurú del yoga. Yogananda recibió la formación monástica del venerado Swami Sri Yukteswar Giri, quien también le dijo que había sido elegido para llevar la antigua ciencia del Kriya yoga a Occidente y difundirla por todo el mundo.

Tal era la fuerza de su mensaje y tantas las personas en las que resonaba el eco profundo de sus palabras que la gente acudía en masa a cualquier parte del país a donde fuera a impartir sus enseñanzas. Se le conoce como un *jagadguru*, 'gurú del universo', cuyo mensaje universal sirve de fuente de bendición por igual para el mundo entero y para numerosas culturas y religiones de todo tipo. Habló en muchos de los mayores auditorios de Estados Unidos de la época –desde el Carnegie Hall de Nueva York al Auditorio Filarmónico de Los Ángeles–, a los que la gente acudía hasta llenarlos por completo. Se hizo tan popular que fue invitado a reunirse con el presidente de Estados Unidos, Calvin Coolidge, e influyó en todo tipo de personas inquietas durante décadas, incluso después de abandonar su cuerpo, entre ellas George Harrison (de los Beatles), Elvis Presley y Steve Jobs.

Por cierto, hay razones para creer el rumor de que la *Autobiografía de un yogui* era el único libro que Steve Jobs llevaba en el iPad. Jobs sabía que los principios que Yogananda enseñaba podían ayudar a incrementar su genio creativo. Y parece ser que estaba tan convencido de ello que, según se dice, dispuso que a todos los que acudieran a su funeral se les entregara una copia de ese libro en una caja de color marrón, como último mensaje que quería dejar al mundo.

LO QUE ESTE LIBRO HARÁ POR TU VIDA

La finalidad de este libro es poder explicarte lo que he aprendido y vivido mediante la sabiduría de Yogananda, y que me acompañes en el viaje por esa superautopista a explorar nuevas ideas y llegar al destino de una nueva conexión con quien eres de verdad. Es un destino de paz, salud, felicidad y abundancia. En resumen, voy a compartir contigo las antiguas enseñanzas orientales de cómo también tú, acogiendo a tu verdadero *Ser*, puedes vivir la vida más hermosa y significativa, la vida de tus sueños.

¿Tendrás que trabajar para ello? Desde luego que sí, pero no más de lo que probablemente estés haciendo ahora mismo en la vida. Implica simplemente un ligero giro del foco. Existen muchos recursos para ser más productivo y hacer más en menos tiempo. No es ahí donde ponemos nuestro foco. No estamos hablando de hacer más. El núcleo de las enseñanzas de Yogananda implica aprovechar, usar y aumentar tu energía, o, dicho con el término yóguico sánscrito, tu *prana*. El *prana* dirige tu salud, tu objetivo, tus relaciones y tu capacidad de manifestarte. Aprovéchalo, aprende a usarlo: toda tu vida cambiará positivamente (en el capítulo cuatro hablaremos más del *prana* y de cómo dirigirlo).

Aprenderás a sacar provecho de una fuerza interior que contribuirá a que tus sueños dejen de ser esperanzas volátiles y se hagan realidad. Te ayudará a ser más sensato y perceptivo. Serás más consciente y profundizarás en tus pensamientos. Los colores te parecerán más luminosos, la comida te sabrá mejor, serás más intuitivo y hallarás más de aquellos estados de la vida cotidiana que todos buscamos: alegría, motivación, paz y confianza. Adquirirás una claridad mucho mayor en todos los aspectos de tu vida. Al final, estar en estos estados pasará a ser muchísimo más importante y apasionante que cualquier logro específico o cosa material. Pero, paradójicamente, una vez que hayas accedido a tu fuerza interior, también será más fácil hacer realidad esos logros y cosas materiales. Es una promesa importante, pero que yo he vivido personalmente y, por tanto, sé que es completamente posible para ti.

NOTA SOBRE CÓMO LEER ESTE LIBRO

La iluminación es un estado que se debe experimentar. Nos centramos en esta experiencia contemplando las enseñanzas de este libro y la práctica de la meditación y reflexionando sobre todo ello. La auténtica meditación, con la orientación y las técnicas apropiadas, es la experiencia definitiva de la verdad y el camino decisivo para acceder al poder extraordinario de tu verdadero *Ser*.

A lo largo de este libro encontrarás meditaciones específicas y prácticas diversas para que crees ese conocimiento experiencial y trasciendas de la comprensión intelectual. Te aconsejo encarecidamente que lleves un diario para las autorreflexiones que acompañen a este libro. Querrás reconsiderar periódicamente algunas de estas reflexiones, como los chequeos físicos que te haces de vez en cuando, porque al ir creciendo y evolucionando, tu conciencia no dejará de ser más perceptiva. Cuando hablo de «práctica», me refiero a la práctica de la meditación, además de aprender a concentrar la energía que llevas dentro y las otras prácticas que aquí se exponen.

Al iniciar juntos nuestro viaje, por favor, lee el libro en el orden en que está escrito, porque las sucesivas enseñanzas deben asentarse en los cimientos de las primeras. La primera parte sienta la base de nuestro libro y trata de cómo superar el miedo y otros bloqueos físicos, emocionales y espirituales, y abrirse al amor y la determinación. El objetivo de la **segunda parte** es saber quién eres realmente, y trata temas como la paz, la confianza y la auténtica belleza. Y la **tercera parte** habla de acceder a tu auténtico poder de crear lo que quieras en el mundo y manifestar una abundancia real y duradera.

Y recuerda que tu vida es bella y significativa para la creación, aquí y ahora. Como enseñaba Yogananda: «Para alcanzar los más elevados logros en la vida, es necesario aplicar todo el potencial desaprovechado del cuerpo y la mente humanos, unos poderes que fluyen de la esencia más recóndita de tu ser: tu verdadero *Ser* o alma, hechos "a imagen y scmejanza de Dios"».[3]

Capítulo 2

ERES AUSENCIA DE MIEDO

La oscuridad puede reinar en una cueva miles de años, pero introduce en ella la luz, y la oscuridad se desvanece como si nunca hubiera existido.

—PARAMAHANSA YOGANANDA[1]

E s posible que al leer las palabras *eres ausencia de miedo* pienses: «Ese no soy yo. Tengo miedo de no tener suficiente dinero, de acabar solo, de contraer alguna enfermedad rara y muchísimas otras cosas». Te comprendo perfectamente. Pero debajo de todas estas preocupaciones está la valentía de tu verdadero *Ser*, a la que puedes aprender a recurrir en cualquier momento.

Cierta inquietud es sana, por supuesto, y forma parte integral de aquello que hace que nos sintamos seguros. Queremos conservar un miedo sensato a los mapaches de aspecto enfurecido. Pero la ansiedad basada en el miedo que nace de los sentimientos de inferioridad –por ejemplo, el miedo a decir lo que piensas, el miedo a que se nos malinterprete o el miedo al fracaso– tiene sus raíces en la desconexión del verdadero *Ser*. Cuando piensas que no basta con lo que eres, cuando crees que no eres agradable, significa que te estás identificando con tu ego. Este es la antítesis de tu verdadero *Ser*.

Tu ego existe por una razón: unifica tus experiencias y las pone en contexto. Forma parte de tu condición humana. Pero cuando el ego está desequilibrado (como nos ocurre a la mayoría), adopta el papel de un falso yo, un tramposo, al que le gusta pensar que sabe de lo que está hablando, pero su reacción no es consecuencia de la sabiduría sino del miedo. El verdadero *Ser* es amor, es plenitud. El miedo surge a menudo del sentimiento de que echamos algo de menos. El verdadero *Ser* no añora nada.

Cuando aprendes a encarnar la ausencia de miedo, la vida empieza a adoptar una nueva dimensión. Irás con todas tus fuerzas tras lo que quieres, sin que las dudas se interpongan. La ausencia de miedo deja que avances en línea recta por la selva de la vida, por así decir, en vez de tener que detenerte una y otra vez para tomar caminos secundarios. Cuando encarnas esta parte de ti, te despertarás viendo la vida como una aventura apasionante, completamente opuesta a un espantoso espectáculo de terror.

LA AUSENCIA DE MIEDO COMO CUALIDAD DEL ALMA

En la interpretación y el comentario que Yogananda hace de una de las escrituras antiguas más importantes de la India, el *Bhagavad Gita*, destaca una lista de cualidades del alma gracias a las cuales los seres humanos podemos alcanzar nuestro mayor potencial. ¿Cuál dirías que encabeza la lista? No tener miedo a nada.

Quizá te sorprenda que la ausencia de miedo sea considerada una cualidad espiritual primaria que hay que desarrollar y recurrir a ella cuando sea necesario. Sin embargo, la sabiduría de Yogananda nos enseña que es imposible que profundicemos en nuestra conexión con nuestro verdadero *Ser*, con la vida, con nuestras meditaciones, si el miedo y las preocupaciones nos atenazan (en los capítulos que siguen, hablaremos de los pasos concretos que te llevan a iniciar tu propia práctica de la meditación, unos pasos efectivos y fáciles de seguir). El miedo es un obstáculo importante para la manifestación de nuestros sueños, pero en cuanto nuestra vida empieza a fluir, cuando aprendemos a adaptarnos a cada momento, podemos desprendernos del pasado y acabar con cualquier ansiedad sobre el futuro.

No tener limitaciones y experimentar la unión con la felicidad, el objetivo del yoga, significa que tienes que dejar ir. Dejar ir la autoconciencia que tantos experimentamos. Dejar ir nuestras reacciones a las sensaciones y experiencias que surgen a nuestro alrededor en cualquier momento dado. ¿De verdad nos hemos de pasar el día machacando a todo el mundo con la historia de ese cliente cascarrabias que nos fue descortés en la tienda? ¿Realmente tenemos que reaccionar a todos los *posts* de las redes sociales que nos afecten de algún modo? No quiero decir con ello que nos tapemos los oídos con las manos y llevemos una venda en los ojos todo el día. Seguirás sintiendo lo que haya y ocurra a tu alrededor, pero no tienes que tomarte la vida tan en serio.

También debes renunciar a poner toda tu fe y atención en lo que puedas ver con tus ojos físicos y a lo que haces normalmente en tu vida cotidiana. El miedo solo puede imponerse si piensas que no existe nada mayor que la tumultuosa tormenta de todo lo que sucede a lo largo del día y que puede perjudicarte. Si únicamente crees en este tipo de vida, puedes estar seguro de que esta se te antojará aterradora. Hay virus, se producen terremotos, las economías cambian y existen el desasosiego político, el cambio climático y los accidentes. También existe el miedo a la impotencia, a no disponer de los recursos o las destrezas necesarios y adecuados para conseguir que tus sueños se hagan realidad, por no hablar de la envidia, que es el miedo a no tener suficiente. Existe el miedo a estar solo. El miedo a que nadie se preocupe por ti. El miedo a tener demasiadas cosas que hacer. El miedo al éxito. El miedo al fracaso.

Todos esos «¿y si...?» pueden parecer muchos, porque *son* muchos. No es necesario que estimulemos de forma exagerada nuestro sistema nervioso con todos estos miedos. Lo único que conseguimos es acelerar el envejecimiento, la enfermedad y la muerte. Existen estudios que demuestran, por ejemplo, que estimular más de la cuenta el sistema nervioso incide en el desarrollo de enfermedades neuromusculares y neurológicas.[2]

CUANDO LOS ACUERDOS SE RESQUEBRAJAN

Una de las experiencias más duras por las que jamás he pasado fue la de romper con el padre de Emerson, mi primer hijo. Mi pareja y yo no avanzábamos de modo que nos beneficiara a ambos. No voy a entrar en detalles, pero sabía que había llegado el momento de separarnos. Necesité mucha fe para mudarme sin ayuda de nadie yo sola con Emerson, que no había cumplido aún los dos años. Tuve que confiar en que todo saldría bien, porque en ese momento realmente no parecía que las cosas fueran a ir así. Después de acostar a Emerson, me pasaba mucho tiempo llorando en secreto, porque mi vida no resultó ser como había planeado y deseado que fuera.

Las separaciones, en especial cuando hay hijos, son más que difíciles («difícil» se queda muy corto). Y recuerdo que en aquella época me sentía aturdida. También empecé a sentir pánico ante la posibilidad de no encontrar nunca un amor duradero. Se me coló de nuevo uno de mis mayores miedos (del que hablaré en el siguiente apartado): el de que no era una persona capaz de enamorar a alguien. En especial, por mi condición de madre sola.

Durante unos cinco meses, siguiendo el consejo de uno de los monjes que conocí en *Self-Realization Fellowship* (la organización fundada por Yogananda y cuya misión es difundir las enseñanzas del Kriya yoga), hice de mi casa un lugar sagrado. Me dediqué casi exclusivamente a releer las enseñanzas de Yogananda, a la lectura de escrituras espirituales como el *Bhagavad Gita* y el Nuevo Testamento de la Biblia y a meditar. ¡Vaya que si medité! Era mi solaz y mi espacio de alegría.

Desde ese espacio pétreo inferior comencé a levantarme de nuevo. Y con ese ascenso, llegó la confianza. La confianza auténtica, por primera vez en mi vida. Empecé a confiar en mi verdadero *Ser* interior. Confiaba en que podría hacer cualquier cosa sin mayores problemas. Fue entonces cuando comencé a darme cuenta de que siempre podía mirar a ese verdadero *Ser* en busca de consuelo y seguridad, sin tener que explorar fuera de mí misma, pese a que mi vida en aquella época era, en mi opinión, un caos.

Aunque mi ruptura con el padre de Emerson fue dolorosa, tuve que pasar por aquella prueba para encontrar a mi alma gemela, Jon (una historia que también contaré un poco más adelante), y vivir el amor que siempre quise pero no estaba segura de que fuera posible para mí. Nos mudamos a la casa de nuestros sueños en las montañas y en plena naturaleza, mucho más adecuada a lo que mi corazón ansiaba que el paraje urbano donde había vivido anteriormente. Pero lo mejor y más importante que aprendí de toda aquella experiencia fue cómo conectar profundamente con la confianza.

Cualquiera que sea el problema que te agobie, puedes aprender a confiar en la voz interior que es tu verdadero *Ser*. Para materializar esta confianza has de llegar a conocer la voz interior, conectar con ella dedicándole el tiempo que requiera, todo lo cual nace de tu práctica de la meditación y de aportar mayor sosiego a tu vida. Esta confianza dejará también que asome tu valentía, aunque nunca hayas pensado que fueras así. En los momentos que parecen la noche oscura de tu alma, cuando las cosas realmente se ponen difíciles, como a todos nos ocurrirá inevitablemente y de diversas formas, ten fe en que también vivirás el radiante amanecer de tu alma. Puede requerir tiempo, pero si eres capaz de acallar el parloteo de tu mente, ten confianza y deja que el verdadero *Ser* haga su trabajo. Cuando despierte de nuevo el alba vas a necesitar las gafas de sol.

ACCEDER A LA AUSENCIA DE MIEDO

Así pues, ¿a dónde vamos para ser más intrépidos? Bajamos a mayor profundidad. Lo cual significa que debemos entrar, no salir. Debemos mudarnos más allá de la idea de que el mundo físico es todo lo que existe. Hay algo más grande, un mundo invisible al que puedes acceder y donde experimentar. Si no me crees, prueba con este sencillo experimento.

Imagina que te acaba de tocar la lotería. ¿Qué harías con el dinero? ¿Cómo vivirías? ¿A dónde irías? ¿Qué cambios introducirías en tu modo de vivir? Imagina simplemente todas las cosas extraordinarias que podrías hacer y experimentar.

¿Qué es, pues, lo que acaba de ocurrir? Si eres como la mayoría de las personas, tu cuerpo y tu mente han reaccionado a este escenario. Tal vez se te dibujó una sonrisa en la boca o tu corazón empezó a latir con fuerza porque ganar en la lotería podría significar un extraordinario cambio nuevo y radical en tu vida. Tal vez tu mente estalló ante la inimaginable posibilidad de poder construir la casa de tus sueños o crear una organización benéfica para ayudar a los demás.

Pero todos estos escenarios no son sino imaginaciones con las que tu mente se entretiene, y pese a ello tu cuerpo reaccionó.

En esta diminuta imaginación has sido capaz de acceder a algo que no podías ver. *Existe* un mundo más profundo al que puedes llegar, un mundo donde quienes toman las riendas son tus presentimientos interiores, y no solo tus cinco sentidos, que siempre se ajustan al mundo exterior.

El miedo puede hacer que sigas pensando en lo que te asusta, en vez de concentrarte en cómo quieres que sea tu vida y qué es lo que quieres manifestar. El miedo te impide expandirte y crecer. Hace que sigas siendo pequeño porque si lo escuchas, te quedas atrapado en lo previsible. Cualquier otra cosa puede parecer demasiado grande, aterradora, o... —y aquí viene una palabra realmente insufrible...— inalcanzable.

Y después está lo contrario: vivir una vida sin miedo. No tener miedo significa ir por la vida con fe. Fe en el Espíritu, fe en el verdadero *Ser*, fe en la fuerza superior que actúa mediante nosotros y a nuestro alrededor. Ser valiente, no tener miedo, significa que, pase lo que pase, sabes que algo te protege las espaldas, de modo que no tienes por qué abrumarte ni paralizarte.

SACAR EL MIEDO A LA LUZ

Ahora bien, ya sé que he dedicado las últimas páginas a hablar de cómo liberarnos de nuestros miedos, pero es importante analizar aquellas partes de ti de las que puedas haber desconectado, incluidos tus miedos. Puede parecer un poco contradictorio. Tal vez, pero por tópico que se te pueda antojar, solo podremos dominar nuestros miedos si nos enfrentamos a ellos. Es posible que ni siquiera seas consciente de algunos de tus miedos más arraigados a menos que explores tu interior, como si descendieras a lo más profundo de la cueva de tu subconsciente.

Por ejemplo, cuando empecé a hacer mi práctica, no tenía aún idea de lo que había en la raíz de mucho de lo que había conseguido en la vida y de mis motivaciones en general. Cuando volví al instituto, estaba siempre estresada y hacía que lo estuvieran quienes estaban a mi alrededor, porque quería ser la capitana del equipo de atletismo, la delegada y la número uno de mi clase. Esta actitud tan centrada en los logros me persiguió hasta la madurez. Nunca consideré que el miedo era lo que alimentaba aquellos objetivos, hasta que empecé a meditar.

Fue mediante la meditación –gracias a la experiencia de la concentración y el sosiego– como empecé a avanzar. Me refiero a que me resquebrajé, me abrí y descubrí que bajo mi afán de superación subyacían unos miedos profundos: miedo al rechazo, miedo a no ser lo bastante buena, miedo a no ser capaz de enamorar a nadie, miedo a no estar lo suficientemente delgada, miedo a tener unas tetas demasiado pequeñas, miedo a quedarme sin amigos por no ser lo estupenda que esperaban que fuera, miedo a que mi vida no fuera un éxito, miedo a que no se me tomara en serio, miedo incluso a pasar desapercibida porque era insignificante. Quería que la gente me prestara atención, me elogiara, porque no pensaba que fuera una persona a la que los demás pudieran considerar interesante, atractiva o inteligente. Tenía miedo a no ser nada.

Una auténtica porquería. Pero parte del proceso de deshacerse de los miedos es rebuscar en el fango que hay almacenado en tu interior.

Carl Jung, el psiquiatra y psicoanalista suizo, hablaba a menudo de la idea de que todos tenemos una sombra, que, decía, eran todas nuestras partes inconscientes y desconocidas. Pensaba que todos tendemos a rechazar o seguir ignorando todo aquello que no nos gusta para no tener que admitir que también forma parte de nosotros.[3] Debemos armarnos de valor, observar en nuestro interior y ver realmente lo que ahí pueda haber. Si no lo hacemos, no vivimos a partir de nuestro verdadero *Ser*, nuestra auténtica naturaleza. Dice Yogananda: «El auténtico autoanálisis es la mayor destreza del desarrollo».[4]

Respira hondo, y observemos sin miedo esas sombras. Vamos a analizar enseguida un ejercicio importante al que, para beneficio tuyo, volverás una y otra vez, ya que la sombra es multidireccional. Cuando encendemos una lámpara en una habitación, la lámpara no solo ilumina lo que tienes ante ti, sino también todos los rincones de la habitación. Quizá no con tanta claridad, pero vemos sin duda que lejos de nuestro alcance hay cosas que también suelen llamarnos la atención. Cuanto mayor sea la intensidad con que miramos esas sombras, más nos percatamos de que están ahí, hasta que llegamos al extremo. Imagina que tu sombra es un pozo. El doctor David Hawkins, psiquiatra, dice que el pozo tiene un fondo. Al final, si no desistes en tu esfuerzo, llegarás al fondo del pozo del miedo, la oscuridad y la inseguridad.

Las partes de nuestra práctica —entre ellas, la meditación, el *pranayama*, la creación de una auténtica quietud o la concentración de nuestra energía interior— arrojan luz sobre la sombra y la ponen bajo el foco. Puedes comenzar por observar en tu interior tendencias, reacciones y desencadenantes de los que nunca fuiste consciente, y ellos te darán pistas para seguir cavando hasta la raíz de los miedos que realmente se ocultan en tu sombra.

Si nunca analizas con el tiempo necesario tus miedos más profundos, en realidad no empezarás a comprender tus motivaciones, tus modos de ir por el mundo, tu propio yo. Tal vez sigas atrayendo a tipos que te engañan o te tratan con desdén, porque en el fondo tienes miedo de no ser lo bastante buena para que se te respete y eso es todo lo que te mereces. O quizá no te decantes por el oficio que tanto te gusta, porque temes no tener las cualidades necesarias. Tal vez digas que *no* quieres algo (tener hijos, iniciar tu propia web, etc.), porque realmente *sí* lo quieres, pero tienes miedo de no ser capaz de conseguirlo. Es posible que sigas recurriendo a apaños cosméticos porque no puedes sacudirte ese fastidioso miedo de que te estás haciendo mayor y no vas a encontrar a nadie (o seguir con alguien) que te quiera.

Si puedes empezar a imaginar lo que supondría estar libre de todos estos miedos, puedes ir vislumbrando una nueva realidad. Cuando llegas incluso a considerar la posibilidad, comienzas a convertir algo potencial en tu realidad.

Autorreflexión:
sacar los miedos de las sombras

1. En la línea superior de una página nueva de tu diario, escribe: «Mis miedos incluyen: _____», y empieza a escribir. Deja que fluya lo que vayas pensando. Tu lista puede incluir cosas como el miedo a no tener suficiente dinero para todo el año, el miedo a hacerte mayor y perder fuerzas, el miedo a nunca ser capaz de tener tu propia familia o el miedo a perder a alguna persona querida. Puedes seguir.

2. A continuación, en la parte superior de la página siguiente, escribe: «Me dan miedo sentirme...», y haz otra lista. Esta puede incluir miedos como sentirte excluido(a) (conocido también como el fenómeno FOMO*) o solo, pensar que nunca aprovecharás todo tu potencial, sentirte rechazado(a) o estúpido(a), etc. A medida que vayas profundizando (ahora o en otra sesión con el mismo ejercicio), es posible que tu lista incluya

---

* N. del T.: Siglas inglesas de *fear of missing out*, 'miedo a perderse algo'. Está directamente relacionado con la proliferación de las redes sociales y se refiere, en concreto, al miedo a perderse un acontecimiento emocionante e interesante y al sentimiento de que los demás tienen una vida mejor y más plena. Se asocia, por tanto, a la necesidad de estar permanentemente en contacto con los demás en el ámbito digital.

también no sentirte querido(a) ni capaz de enamorar, no creerte competente o lo bastante bueno(a), no pensar que eres tan importante como para que los demás te escuchen u observen, etc. ¡Echa fuera todos estos miedos!

3. Bien, lo estás haciendo muy bien. ¡Nada que temer aquí! Solo una última lista. En una tercera página, escribe: «Sin ninguno de estos miedos, me sentiría _____». Tal vez nunca has pensado siquiera cómo sería tu vida si no tuvieras miedo a nada. En serio, ¿qué harías?, ¿cómo actuarías?, ¿cómo bailarías, cantarías, harías el amor, trabajarías, saldrías con los amigos, si fuera imposible que hicieras el ridículo en cualquiera de estos casos? ¿Cómo tratarías a quienes te rodean? ¿Cómo te tratarías a ti mismo(a)? ¿Cómo te despertarías por la mañana? ¿Cómo interactuarías con tus más allegados? No reprimas la imaginación. Siéntelo. Siente la liberación, la expansión, la confianza que se generaría en ti sin ninguno de esos miedos. Cierra los ojos y siéntelo de verdad.

4. Ahora, rasga las dos primeras páginas en trozos muy pequeños, como acto simbólico que demuestra que, intrépido(a) y sin miedo, te estás *adentrando* en tu verdadero *Ser*. Guarda la tercera hoja en un lugar seguro donde puedas tomarla cuando quieras, por ejemplo en tu diario o doblada en tu altar (aunque no lo llames así, este será el lugar donde guardes los objetos que más quieres, como las fotos enmarcadas).

5. Por último, comprométete a dar *un* paso actuando sin miedo. Poner algo en acción, aunque sea un pequeño paso, empezará a convertir tu valentía en auténtica energía vital. Puede ser investigar el campo al que quieres dedicarte durante al menos veinte minutos diarios o emplear treinta minutos en trabajar en tu plan de montar un negocio completamente nuevo. Puede ser apuntarte a clases de salsa (aunque bailar en público sea

para ti una auténtica pesadilla). Escríbelo también en tu diario, como un nuevo compromiso: «En este momento me comprometo a _____». Sabes que posees el poder de crear esa nueva forma de no tener miedo.

LA AUSENCIA DE MIEDO ES NECESARIA PARA LA LIBERTAD

No tener miedo es la base de la libertad, de lo contrario irías de puntillas por la vida, sin apenas salir de la pequeña jaula que tú mismo te hubieras construido. En la libertad reside la iluminación: cuando te liberes de la ignorancia que te lleva a pensar que debes tener miedo a la vida, a ti mismo, a que muchas cosas puedan «atraparte», entonces y solo entonces tu vida se puede expandir y alcanzar su expresión más hermosa.

Veámoslo: vivimos en un mundo del que desconocemos muchas cosas. Nos acechan innumerables peligros que nos pueden hacer daño. Sé valiente, sé proactivo, asume la realidad y, al mismo tiempo, no hagas ni el mínimo caso a esos factores X. Como las palabras de este libro atestiguan, eres capaz de mucho más de lo que piensas. Eres más de lo que crees. Eres un trabajador fenomenal, todo un milagro. Basta con que no tengas miedo de intentar serlo.

Y una última nota: ¿sabes por qué hoy no se producen más milagros en el mundo? Porque ¿cuántos nos despertamos y decimos: voy a hacer milagros en mi vida? Creo que prácticamente nadie se despierta con esta idea en la cabeza. ¿Por qué? ¿Porque lleva al desengaño? Tal vez. O porque no entendemos del todo el poder inimaginable que tenemos dentro de nosotros y que puede cambiarnos la vida en un instante.

Y esta es la verdad. Más allá de tus miedos están tus grandes sueños, tu capacidad de vivir la mejor versión de tu vida. Poco a poco, mientras aplicas la sabiduría y las prácticas que aprenderás aquí, tus miedos empezarán a remitir, y el amor y la libertad irán creciendo en tu vida cada vez en mayor abundancia.

Consejos prácticos para estimular la ausencia de miedo en tu vida

1. **Ríndete al ahora.** *Rendirse* es una palabra que actualmente oímos con más frecuencia a medida que los occidentales mostramos mayor interés por la filosofía oriental. Es un mundo interesante porque, para algunos, rendirse significa ceder. Pero, en realidad, en sentido espiritual rendirse se refiere más a confluir; unimos nuestras necesidades y nuestros deseos con lo que esté ocurriendo en el momento actual. Nos fundimos con la voluntad del Espíritu, en lugar de luchar o resistir.

   Cuanto más vivimos en nuestra experiencia del momento a momento, en lugar de preocuparnos por todos los «¿y si…?» del futuro, más confiamos en la vida, en nuestro verdadero *Ser*, y más sabemos mostrarnos sin ningún miedo. Las cosas van a ocurrir, pero nuestro cometido es permanecer en armonía interior con lo que la vida traiga consigo. Sé que es algo que puede parecer mucho más fácil de decir que de hacer, pero no te preocupes, cuanto más te comprometas con tus meditaciones y la práctica, más fácil te será confiar en la vida en general.

2. **Medita.** Ya sé que puede parecer repetitivo, pero las mejores cosas de la vida lo son, por ejemplo la respiración. De modo que haz de la práctica tu nueva respiración. La meditación es la forma más segura de atravesar la superficie de la vida para acceder a tu intrépido verdadero *Ser*.

3. **Mantente firme.** Cuando sientas que el miedo te oprime, cierra los ojos y sitúate en el punto de tu cuerpo donde lo sientas.

Puede ser en el estómago, en el corazón, en la garganta, donde sea. Concéntrate en esta parte de tu cuerpo e inspira y espira lentamente. No pienses en el miedo ni lo analices, solo siéntelo en toda su plenitud.

Podrá parecer un tanto cursi, pero el dicho «Aquello a lo que te resistes persiste» es una verdad como una casa. Deja que el miedo se sienta para que puedas soltarlo, en vez de oponerle resistencia. Después de que salga corriendo para seguir su curso, lo cual seguramente requerirá unos pocos minutos (los que tardes en desconectar tus pensamientos), puedes abrir los ojos y *entonces* imaginar la mejor acción que conviene hacer o el mejor paso que conviene dar, que a veces es no hacer nada. Si el sentimiento de miedo reaparece, repite lo anterior para sacártelo del cuerpo. En esto consiste la práctica: hacer lo que nos ayude, una y otra vez.

4. **El miedo versus la verdad y la práctica de la sabiduría.** Todos tenemos acceso a la verdad y la sabiduría de nuestro interior, y en este ejercicio de anotar nuestras impresiones, nuestro diario personal nos ayuda a sacarlas al exterior. Me enseñó este ejercicio Laura Pringle, una fantástica profesora y sanadora intuitiva.

    Primero escribe el miedo que tengas y, después, deja que la verdad y la sabiduría del verdadero *Ser* que habita en tu interior respondan por escrito a ese miedo. Deja que la conversación siga hasta que sientas que tu perspectiva del miedo se ha apaciguado. Al principio, puede parecer divertido conversar contigo mismo(a), pero puede empezar a desvelar el enorme empoderamiento que te aporta cuando te das cuenta de que tú mismo(a) puedes orientarte a través del miedo. Este es un ejemplo de mi diario:

El miedo: *Me preocupa que a la gente no le vaya a gustar esto en lo que estoy trabajando en este momento.*

La verdad y la sabiduría: *Si eres auténtica, la gente que sabe te encontrará.*

El miedo: *Ya, pero ¿y si no lo hacen?*

La verdad y la sabiduría: *Pues no lo hacen. Cuando menos, tú eres auténtica y vives tu verdad, que, en última instancia, es lo más importante. Y seamos sinceros: sabemos que te buscarán, porque todo es energía y la energía coincide contigo.*

El miedo: *Sí, es verdad, pero tengo miedo de no gustar y de que no se me acepte. Recuerdo este sentimiento de cuando era pequeña.*

La verdad y la sabiduría: *Tú puedes gustarte. Tú puedes quererte. Y cuando te veas a ti misma, otros lo harán también.*

El miedo: *¡Vale!*

5. **Sé consciente de que en realidad nunca estás solo.** Este consejo puede parecer un tanto místico pero, si te parece bien, síguelo. Cuando sientas miedo de verdad, cierra un momento los ojos y proponte protegerte. Puedes imaginar simplemente una presencia de energía que te rodea, una burbuja blanca de luz a tu alrededor o una luz dentro de tu corazón que te acompaña en tu andar. Tal vez sea la imagen de un guía o un ángel que está justo ahí, a tu lado, y que te tomas como algo propio. Escoge la imagen que más te acomode y ve de su mano.

Capítulo 3

ERES UN GUERRERO

Dios te trajo aquí con una finalidad [...] Date cuenta de lo
tremendamente importante que es. No dejes que el ego
mezquino obstaculice que alcances un objetivo infinito.

—PARAMAHANSA YOGANANDA[1]

GUERRERO DE LA PAZ

A menudo pensamos en los guerreros en términos mitológicos: hombres y mujeres fuertes tensando el arco o blandiendo la espada, dispuestos a enderezar entuertos. Sin embargo, la idea del guerrero es algo que hoy es de crucial importancia para tu vida.

Eres un guerrero.

Eres alguien que puede servirse de su fuerza interior, superar obstáculos y perseverar. Puedes ser un guerrero que luche por el bien, por el amor, por conseguir un cambio positivo, por que todo mejore y por alcanzar objetivos que merezcan la pena, en especial los que contribuyan al primero de esos objetivos. Puedes expresarte como guerrero con suavidad y buenos modales, pero no por ello sin el enorme poder de seguir concentrado y propiciar un gran cambio. Cuanto más emplees tus acciones, tus dones naturales y las mejores ideas en ayudar a los demás (de lo que hablaremos en el capítulo diecinueve), mayor será el éxito que obtengas.

Como el guerrero, el verdadero *Ser* es intrépido e inquebrantable, decidido y combativo, centrado y estable. Para sortear los inconvenientes y las dificultades de la vida, y seguir concentrado en continuar avanzando por el camino de la libertad, debes acceder a la fuerza del guerrero que es tu verdadero *Ser*.

LA GRAN BATALLA DE LA VIDA

Como he señalado antes, el *Bhagavad Gita* es uno de los textos antiguos más importantes y edificantes de la India. Trata de una gran batalla, que en realidad es una amplia metáfora de la gran batalla que todos libramos a diario: la batalla de la mente. El *Gita* se puede leer como una exploración de las luchas que se producen en nuestra cabeza, entre las voces que nos ayudan y las que nos intentan abatir: la pugna entre nuestra sabiduría y el tirón de nuestros sentidos y nuestro ego.

En la historia, el protagonista, Arjuna, nos representa a ti y a mí, como seres humanos que vamos por el camino de la iluminación pero llenos de dudas, preocupaciones y malos hábitos. Estos pensamientos son los que suelen impedir que nos percatemos del verdadero *Ser* que habita dentro de cada uno de nosotros. Arjuna, que quiere ganar la batalla, recibe el consejo de Krishna, que representa la voz del verdadero *Ser*.

Uno de los grandes temas del *Bhagavad Gita* es el *dharma*, que más o menos equivale a la finalidad de nuestra vida, nuestro deber, o cómo encajamos en el plan divino de la existencia. Krishna aconseja a Arjuna que «cumpla con su deber de *kshatriya* ('guerrero') para defender el *dharma*» mediante la «acción abnegada». ¿Qué significa esto? Lo explicaré más detenidamente enseguida, pero antes quiero poner el ejemplo de un guerrero del mundo real.

Entrevisté a Ruth Zukerman para mi pódcast, y su historia me impresionó, seguramente porque me sentí muy identificada. Ruth se quedó sola como madre de dos gemelas de seis años. Tuvo que arreglárselas como mejor supo para conseguir dinero para ella y sus hijas. Como ella misma decía: «Desde luego, no podía permitirme una niñera para mis hijas». Ruth tuvo que agudizar el ingenio. Hasta ese momento, nunca había trabajado a jornada completa en varias cosas a la vez. Y desde luego no tenía experiencia alguna en los negocios. Pero bailaba muy bien. Aprovechó sus conocimientos sobre danza y puesta en forma en general, además de su amor por la música, para trabajar como profesora de *spinning*.* No una profesora común y corriente, sino de las que animan y motivan a sus alumnos para que aprovechen al máximo su fuerza y perseverancia y alcancen niveles superiores.

Pasaron cinco años. Ruth cofundó SoulCycle,** un estudio internacional de puesta en forma basado en el *spinning* con cerca de cien locales en todo el mundo en el punto más alto de su popularidad. Tenía por entonces cuarenta y ocho años. Pasaron otros cuatro años y se convirtió en cofundadora de otra cadena de puesta en forma llamada Flywheel, una empresa que pocos años después vendería por varios millones de dólares.

Al preguntarle por su éxito, respondió que nunca le había obsesionado no tener experiencia en un determinado negocio ni había considerado que tal vez hubiera perdido el tren del emprendedor. Siempre se sentía increíblemente conectada con sus alumnos

---

* N. del T.: El *spinning* es un ejercicio cardiovascular y aeróbico que se lleva a cabo utilizando una bicicleta estática diseñada específicamente para este deporte.
** N. del T.: «Ciclismo para el alma», esta actividad se realiza también en bicicletas estáticas, pero con coreografías, *DJ's*, ambientación y un instructor que lanza frases inspiradoras.

y quería ser un estímulo para todos los que pudiera. Ese era el objetivo de Ruth. Formar, motivar e inspirar a gente de cualquier estilo de vida para que acogieran la buena forma física y el razonamiento correcto, y ayudarlos a alcanzar sus sueños. Su objetivo en la vida era *ayudar a los demás* a decidir cuáles eran sus objetivos en la vida.

Todo lo demás surgía de este objetivo principal —desde elaborar correctos manuales de entrenamiento hasta la metodología, la programación de la puesta en forma— y el desarrollo de una cultura empresarial que colocó a sus marcas muy por encima del resto. ¿Y la mejor parte de la historia? Ruth es una persona de una calidez y amabilidad increíbles, y aunque estuviera concentrada en algún objetivo empresarial, nunca dejó de dar prioridad a sus hijas y sus obligaciones de madre. Es la personificación de la guerrera cálida, sosegada y digna de toda confianza.

Cuando Krishna aconsejó a Arjuna defender su *dharma* mediante la acción desinteresada, hablaba de lo que hizo Ruth. Concéntrate en lo que es importante. Lánzate al estrépito de la batalla y no te preocupes por las consecuencias. Si así lo haces, permites que tu verdadero *Ser* maneje la batalla diaria de tu vida, mientras tú puedes ocuparte de las cosas y las personas que quieres.

TU OBJETIVO

Cada uno de nosotros es único, y cada uno tiene un objetivo exclusivo. Cuando vives de acuerdo con lo que te propones, significa que formas parte de algo más grande que tú. Entonces, tu propósito pone en movimiento tus pasos y avanza contigo, y acabas teniendo más energía para conseguir que tus sueños se hagan realidad. De hecho, gran parte del «trabajo» que haces —preparar la comida, recoger a los niños en la escuela, dirigir un negocio, depilarte las cejas o incluso estudiar nuevas leyes– deja de parecer trabajo. Comienza a antojársete como una prolongación de quien eres y de lo que aportas al mundo. Cuando así ocurre, sabes que has abierto la puerta al verdadero *Ser* que trabaja por medio de ti.

Esta es la razón de que sea tan importante tener la visión de un guerrero. El guerrero ve más allá de lo que tiene delante de los ojos. Es consciente de todo lo que lo rodea. Todo lo ve en pantalla panorámica. Es importante ocuparse de la tarea que estemos realizando, pero también lo es prestar atención a lo que pasa a nuestro alrededor. En este día y esta época, en el ciclo imparable de veinticuatro horas de la vida moderna, o en el oficio de guerrero, es necesario que nos demos cuenta de que no vamos a luchar solo para nosotros, sino para todos los de nuestro entorno. Cuando trabajamos exclusivamente para nosotros, es muchísimo más fácil que nos agotemos, desistamos y nos rindamos. Y entonces se impone la frustración y nos sentimos exhaustos.

En resumen: el egoísmo agota. No hace que seas realmente más feliz, no te da fuerzas y te empequeñece la vida. Es posible que te diviertas un rato, pero siempre acabas solo y amargado. Piensa: ¿has estado alguna vez con alguien egoísta de verdad? Seguramente no fue mucho tiempo, porque el egoísmo es una porquería que acelera el envejecimiento. El egoísmo divide.

Para cultivar tu mundo, para vivir de verdad la experiencia de una vida épica, realmente tienes que hacer lo que hace el guerrero, y esto significa entregar tu vida. Parece una idea contraria a lo que dicta la intuición. Pero considera lo siguiente: cuanto más amor das a los demás, más vas a recibir a cambio. Cuanto más tiempo dediques a los demás, más podrás disponer para ti. Cuanto más des, más recibirás. Ahora bien, es posible que no recibas ese tiempo de inmediato. Tal vez no te llegue ningún amor de la persona a quien se lo diste, pero es seguro que te llegará. Llámalo la ley universal de la reciprocidad. Llámalo karma. Llámalo Bob. No importa. Entrega tu vida y la recibirás de vuelta.

No existen pruebas científicas de nada de lo dicho, pero las hay anecdóticas a miles a nuestro alrededor. ¿Quiénes son las personas más felices? ¿Las que solo se preocupan de sí mismas? Creo que no. Son las que viven desde un espacio mayor.

¿Por qué le dedico tanto tiempo a esto? Porque puedes pensar que la finalidad de tu vida es construir naves espaciales, idear una nueva línea de ropa deportiva o elaborar la mejor magdalena sin gluten de la Costa Oeste; sin embargo, **tu auténtico objetivo es servir a los demás**. Y esto es lo que hacen los grandes héroes. Esto es lo que hace el guerrero. Raramente batalla en beneficio propio. El guerrero lucha por algo más grande que su pequeño yo. Defiende al verdadero *Ser* que habita en su interior y en el de otros, que es la versión mejor y superior de todos nosotros. Tu forma exclusiva de servir a las demás personas del mundo es lo que hace que tu objetivo sea único. Solo a través del contexto del colectivo, siendo parte de la comunidad mayor que nos rodea, podemos sentir que nuestra vida es realmente significativa y se rige por un determinado propósito.

En este sentido, todos tenemos un objetivo idéntico pero, al mismo tiempo, diferente. ¿Qué quiero decir con esto? Para todos, nuestro propósito fundamental es servir a los demás, ayudarlos de una u otra forma. Al así hacerlo nos expandimos y crecemos. Así superamos nuestras limitaciones y, por tanto, también nos ayudamos a alcanzar todo nuestro potencial y toda nuestra plenitud para hacer realidad nuestros sueños. Si nos mantenemos pequeños y centrados en nosotros mismos, estrechamos nuestros límites. En este sentido, Yogananda era muy claro: «Actuar por interés propio es perder de vista el plan cósmico o la voluntad de Dios».[2]

Pero tu propósito te es único porque posees una energía exclusiva que aportas al mundo, de modo que será canalizada para realizar trabajos y proyectos de manera que solo tú puedes hacer. En otras palabras, puedes servir y ayudar a los demás de forma única. En el capítulo diecinueve, «Eres un creador» (página 231), vamos a profundizar en tu esencia única, pero de momento basta con que dejemos que esta idea empiece a adentrarse en las aguas. Estás aquí para servir de tu forma propia y exclusiva.

Con todo, no estoy diciendo que debas sacrificar tus sueños. Ni que hayas de renunciar a las cosas que quieres. A lo largo de los años he trabajado con muchas personas que se sienten como si hubieran estado dando constantemente, sin recibir nada a cambio. Están enojadas, desengañadas y suelen ir por la vida como si sobre ellas tuvieran una nube negra (algo así como Ígor, de *Winnie the Pooh*). Pienso a menudo que la razón de que parezca que tal pesadumbre se cebe en determinadas personas es porque nunca supieron determinar con claridad cuál era su propósito, y por ello sacrificaron quienes eran por miedo, confusión o soledad. Un guerrero nunca haría esto.

Mi propósito también es servir a los demás, como lo es el tuyo. Lo único que me mueve es ayudar a otras personas a establecer contacto de nuevo con su verdadero *Ser* y su verdadera *Belleza*: la parte genuinamente bella de todos nosotros que se encuentra muy por debajo de la superficie. Lo hago ayudando a todas las personas a las que puedo sentir, enseñándoles un estilo de vida holístico que incluye tener en cuenta la alimentación, el cuerpo, el bienestar emocional y el crecimiento espiritual (lo que yo llamo, en la Comunidad Solluna, las cuatro piedras angulares de la verdadera belleza y el verdadero bienestar). También educo a mis hijos lo más conscientemente que sé, me esfuerzo por ser una esposa amante, amiga y miembro de la comunidad. Y esta es, en última instancia, la razón de que haya escrito este libro: ayudarte a descubrir y aceptar tu propia meta y recordarte que dejes que tu guerrero interior proteja, oriente y defienda tu honor. Ardo en deseos de oír más acerca de *tu* propósito en nuestra comunidad.

Autorreflexión: el propósito del guerrero

Desarrollar el objetivo de un guerrero exige cierta auténtica autorreflexión. Hemos de cavar y profundizar entre las capas de la obligación, nuestras propias expectativas, las de los miembros de la familia y otros seres queridos de nuestro entorno, nuestras creencias limitadas y nuestro miedo. Requiere que te hagas las preguntas que siguen, escribirlas en tu diario, para después volver a ellas una y otra vez para perfeccionarte y reflexionar. Más adelante analizaremos con mayor detalle este tema, pero empecemos ahora aquí:

1. ¿Qué es lo que te apasiona? ¿Qué es lo que realmente te ilumina?
2. Rellena el espacio en blanco. Cuando miro mi vida en retrospectiva, de lo que más orgulloso(a) me siento es _____.
3. ¿Cuáles son tus particulares dotes, o formas de hacer las cosas, y qué relación tienen con tu propósito de servir a los demás?
4. Si dispusieras de mil millones de dólares, ¿en qué emplearías el tiempo?
5. Me encanta ayudar a los demás a _____.

DESARROLLAR LA PERSEVERANCIA

El gran escritor y poeta Johan Wolfgang von Goethe dijo acertadamente: «En el reino de las ideas todo depende del entusiasmo [...] En el mundo real todo descansa sobre la perseverancia». El guerrero es perseverante. Tal vez ahora mismo te sientas un poco cansado de la vida. Quizá tengas la sensación de que te hayan dado un par de puñetazos en la boca, por así decir. Es posible que te hayan despedido del trabajo, que un negocio que tenías planeado se haya frustrado debido a la pandemia, que la infidelidad te haya pillado por sorpresa, que te tambalees por un diagnóstico sobre tu salud, que tu encantador hijo de primaria se haya transformado en un adolescente que no deja de despotricar y te odie o que un romance se haya quedado en nada sin más razón que la relación terminó su curso. Todas estas cosas, y otras muchas dificultades habituales y no tan habituales, pueden ser extremadamente incómodas y descorazonadoras.

Pero difícil no significa malo. Ni significa fracaso. El hecho de que algo sea duro no quiere decir que no pueda ser beneficioso para tu vida. De hecho, los momentos difíciles de nuestra vida son los que ayudan a definir mejor quiénes somos. Como dice Yogananda: «No importa las veces que caigas; levántate con determinación para salir victorioso».[3]

Una de las ideas del guerrero más importantes que puedes desarrollar es la de concentrar el poder en este momento, y no en lo que ya pasó ni en lo que está por venir. Puede ser una tarea ardua, sin duda. Nos preocupamos por los errores pasados, tal vez, y por cómo pueden afectar a nuestra vida mañana. Hay en nosotros una parte que está siempre vinculada con la supervivencia, y parte de este instinto de supervivencia es pensar en cosas que nos puedan herir, de ahí que muchos podamos preocuparnos por lo que ya hemos hecho y lo que pueda ocurrir en el futuro. Pero estás destinado a ser más que un superviviente. Tu destino es prosperar, avanzar y llegar mucho más lejos.

DESPRENDERSE DEL PASADO

Sin embargo, un elemento esencial del éxito es dejar de obsesionarte por tus fracasos pasados. Si te quedas con los fallos, te atas a lo que haya sucedido. Es otra forma de renunciar a aliarte con el verdadero *Ser* y, en su lugar, hacerlo con un aspecto de tu yo pequeño.

En esencia, poner el foco en el pasado es como pisar los excrementos de un perro, darte cuenta de que es caca de perro, darte la vuelta y volver al lugar del incidente para cerciorarte de que era caca y pisarla de nuevo. Todo lo que consigues con ello es arruinar los zapatos y oler mal. Esto es exactamente lo que haces cuando revives tus errores y desengaños una y otra vez. ¿De verdad quieres esta energía en tu vida?

Seamos sinceros: todos hemos cometido errores en un momento u otro. En otras palabras, todos hemos pisado esos excrementos. Yogananda describe las múltiples ocasiones en que andaba sin un penique cuando intentaba ayudar en el trabajo de Kriya yoga en Estados Unidos. «Todo fracaso te regala el privilegio de aprender algo nuevo»,[4] dice. Pero se negó a abandonar y, al final, halló una forma de triunfar. También tú lo puedes hacer. Empéñate en triunfar, aprende y a continuación suelta los errores pasados, saca al *guerrero* que hay en ti, y no habrá quien pueda detenerte.

Consejos prácticos para ser un guerrero en tu vida

1. **Organízate la vida.** Yogananda nos apremia a «metodizar la vida». El guerrero se organiza con el tiempo de que dispone, y así puede sacar el mejor provecho a los esfuerzos y la energía que a diario emplea para conseguir lo que se propone. Siempre he hablado de la importancia de organizar una práctica por la mañana y otra por la tarde, de crear conscientemente

un fluir por el que discurra tu día de principio a fin. Si eres desorganizado(a), desperdiciarás mucho tiempo y mucha energía. Así pues, organízate y, además, prográmate el tiempo para tu práctica y tus meditaciones, para que cobren la misma importancia que tu lista diaria de cosas pendientes.

2. **Desarrolla la independencia.** Depende de tu propia fuerza interior. Nunca pienses que has de depender de otra persona para conseguir lo que te propongas. Las ayudas son importantes, sin duda, pero en última instancia son tu propio coraje, tus esfuerzos constantes –la osadía de tus acciones– los que te llevan a donde quieras ir. Dice Yogananda: «Ten la honestidad suficiente para no tener que depender de nadie. Eres hijo de Dios. Tienes todo el poder necesario para llevarte tú mismo a dondequiera que desees ir».[5]

3. **Desarrolla la paciencia.** No es esta la cualidad más fácil de desarrollar, y lo sé por experiencia, pero junto con la fuerza de voluntad y la intuición, es importante para alcanzar el éxito. Las cosas nunca suceden en el marco temporal que deseas. Es crucial que sigas siendo positivo(a) y mantengas la concentración, como el guerrero de guardia, sabedor de la diferencia entre ser paciente y dejar que las cosas se escurran entre los dedos. Siéntete inmerso(a) en tu sabiduría interior, para discernir cuándo actuar, cuándo recabar información y cuándo simplemente ser o estar.

4. **Trabaja por algo más grande que tú mismo.** Como ya he mencionado, si trabajas para ti mismo es muchísimo más fácil que te agotes y desistas. Pero cuando formas parte de algo mucho más grande, y lo que te propones incluye dirigir tus esfuerzos a algo mucho más importante que tú, te sentirás bendecido(a) con una energía inmensamente mayor para hacer frente a la vida cotidiana.

5. **Escribe tu objetivo y colócalo en tu altar u otro lugar bien visible.** Yo visito con regularidad mi propósito y los consiguientes objetivos, y los escribo en trozos de papel, que doblo y dejo sobre mi altar, asegurándome de que destaquen de algún modo y me llamen la atención. De esta forma, mantienes tu propósito como un punto focal en tu casa y en tu habitación.

La vida se complica, te obliga a estar siempre ocupado, y es fácil dejar que las cosas se nos escurran, pero no permitas que tu propósito se te vaya de la mente. Lo ideal es que todos los días reflexiones sobre algo como guerrero que eres. Considera que lo que te hayas propuesto es un Código del Guerrero, una declaración por la que se rija tu vida diaria. Una declaración que oriente tus decisiones y te mantenga enraizado en tu propósito general superior mientras avanzas por la vida.

Capítulo 4

PRÁCTICA: VIVIR EN LA PAUSA

No se puede alcanzar la autorrealización
sin dominar la respiración.

—**Paramahansa Yogananda**[1]

MÁS SOBRE *PRANAYAMA*

Trabajar con la respiración no es solo la función más básica e importante de todas las de la vida, sino también una de las formas que tienes de poder acceder al verdadero *Ser* para descubrir quién eres realmente. En el yoga, a las técnicas de respiración se las llama *pranayama*. La palabra *prana*, del sánscrito, como señalamos anteriormente, se traduce como 'aliento de vida', un aliento que controla todos los sistemas y las funciones del cuerpo. De modo que la práctica del *pranayama* consiste en dirigir tu aliento vital, esta energía que llevas en tu interior.

Cuanto más puedas dirigir tu fuerza vital, más puedes mantener y estimular tu salud y tu energía en general, más puedes aprovecharte de soluciones e ideas creativas y más te puedes sentir centrado y tranquilo en todas las situaciones.

Diversos estudios concluyen que poner el foco –concentrarse– en la respiración puede estimular las ondas gamma del cerebro.[2] ¿Cuál es la importancia de esto? Las ondas gamma cerebrales van asociadas al punto máximo de la concentración y el procesamiento de la información,[3] además de contribuir a mejorar la memoria y posiblemente prevenir el alzhéimer.[4] Y, tal vez lo más importante, elevar tus ondas gamma cerebrales puede mejorar tu estado de ánimo general, mantenerte emocionalmente estable e impedir que te sientas estresado y deprimido.[5] **La concentración y la serenidad son cualidades básicas fundamentales para generar grandeza en tu vida**.

Una de las enseñanzas más conocidas de los *Yoga Sutras*, una guía escrita hace dos mil quinientos años por el gran sabio hindú Patanjali (es revelador que el Kriya yoga se mencione dos veces en este texto de la antigüedad), es *yoga chitta vritti nirodha*, que, más o menos, quiere decir 'el yoga es lo que ayuda a detener las fluctuaciones de la mente'. En este caso, *fluctuaciones* equivale a *remolinos*, las olas de pensamientos y emociones que giran y giran y nos amenazan con ahogarnos, mental, psicológica y espiritualmente. Así pues, el *pranayama* es la práctica de calmar la inquietud de la mente para que puedas acceder a la paz que es el centro de tu verdadero *Ser*. En otras palabras, si tu vida no es lo que quieres que sea, casi te puedo garantizar que se debe a la escasa paz con que discurre.

Pero no te preocupes, porque puedes aprender a utilizar la respiración y las meditaciones para sosegarte. Y al calmar todos esos alocados giros de tu mente, observarás cambios importantes en tu vida.

No voy a engañarte. Al principio, la meditación no es fácil, en especial si a tu mente, como a la mía, le cuesta mucho quedarse quieta. Cuando empecé a meditar, solía cerrar los ojos con tanta fuerza que la nariz se me arrugaba como una pasa. Era consecuencia de mi pertinaz intento de mirar la hora cada veinte segundos. «¿Aún no se acaba?». Este fue mi mantra inicial. Así que tardé bastante en controlar mi mente de mono. Puedo prometerte que cuanto más medites, cuanto más practiques la concentración en tu respiración, mejor te irán las cosas. No solo con la meditación, sino con la vida.

En esta práctica inicial, aprenderás a apartar la atención de tus cinco sentidos y todos los mensajes que te mandan constantemente. Los sentidos son importantes para realizar muy diversas tareas, como conducir, cocinar o controlar la temperatura del agua de la ducha, pero pueden distraerte de la concentración en el poder que habita en tu interior. ¿Debes prescindir por completo de tus sentidos? Claro que no. Simplemente los vamos a poner un poco en segundo plano para que el verdadero *Ser* pueda disponer de cierto tiempo para hablar.

ACCEDER A LAS PAUSAS Y ALARGARLAS

En las prácticas que siguen, te vas a concentrar en tu respiración. Cuando empieces a prestar atención a tu respiración te darás cuenta de que comienza a ralentizarse de forma natural. Imagina a un niño que va corriendo de un lado al otro de una habitación. Ahora imagínate al padre o la madre del niño en la misma habitación. Al principio los padres no le prestan atención, pero después, al cabo de unos minutos de caos infantil, dejan lo que estén haciendo y miran fijamente a su hijo. ¿Qué ocurre? Puede tardar uno o dos minutos, pero al final algo hace que el cerebro del niño se sosiegue y cese ese comportamiento tan molesto. ¿No me crees? Intenta recordar cualquier episodio de *Supernanny*,* y observarás que Jo Frost

---

* N. del T.: Programa de telerrealidad en el que una psicóloga interviene en relaciones paternofiliales conflictivas, conviviendo incluso con las familias, ayudándolas, entre otras cosas, a incorporar dinámicas cotidianas. El formato básico del programa ha sido comprado por varios países incluido España.

usa esta técnica como si de un talismán se tratara. Bueno, pues seguir la respiración es algo similar.

Concentrarse en la respiración y su consiguiente ralentización te ayuda a desconectar de cualquier cosa exterior que te distraiga, y es algo sumamente bueno. Además, es fantástico para tu cuerpo y tu salud. Estudios científicos han descubierto que la respiración lenta tiene importantes efectos positivos sobre distintos sistemas corporales, entre ellos el cardiovascular, el respiratorio y el nervioso autónomo.[6]

Y ahora viene la parte más importante sobre la concentración en la respiración: el simple hecho de observar cómo respiramos no solo hace que esta empiece a ir más despacio, sino que la pausa entre las inhalaciones y las exhalaciones se vaya prolongando cada vez más. **En estas pausas es donde está la magia. Es en estas pausas donde puedes comenzar a conectar con tus capas más profundas. En las pausas está la paz. En las pausas entre los pensamientos está la calma. En las pausas es donde vislumbras a tu verdadero *Ser* que te saluda con la mano, como si te dijera: «Hola, ¿te acuerdas de mí?».**

Todo esto puede parecer un poco voluble y esotérico, pero una simple pregunta y respuesta puede contribuir a ilustrar mejor a qué me refiero cuando hablo de la importancia de las pausas. ¿Estás preparado? Ahí va la pregunta:

P: ¿Qué ocurre cuando en tu vida no tienes pausas?
R: Estoesloqueocurrecuandonotienespausasentuvidatodoparececonfusoycarentedesentidolavidaesdesordenadaeimproductivayesrealmentedifícilleerrespuestascomoesta.

¿Comprendes lo que quiero decir? Las pausas nos facilitan el orden. Si no hiciéramos pausas entre las palabras, todas esas letras no tendrían mucho sentido. Las pausas nos ayudan a organizarnos.

Gracias a ellas podemos detenernos para respirar. Median entre los pensamientos y las palabras. La música tiene pausas; de no haberlas, cualquier música sonaría como una cacofonía alocada. Está la pausa entre la mañana y la noche. La pausa que llamamos sueño es esa fase que media entre todas nuestras horas de vigilia. Necesitamos las pausas –tenemos necesidad de esos periodos de descanso– y necesitamos aprender a centrarnos en el poder que las pausas conllevan.

En las pausas que existen entre las respiraciones se encuentra el espacio donde Yogananda dice que puedes acceder a la «conciencia del alma». Es un estado en el que puedes calmar tu corazón, reorientar la energía de tus sentidos, asentar tu concentración y conectar con tu Espíritu interior que es tu verdadero *Ser*. Para crear este estado, Yogananda dice que es necesario recurrir a la energía interior y frenar la respiración.

El bulbo raquídeo es la parte del cerebro situada en la base del cráneo, donde los yoguis creen que podemos entrar y tener acceso a más energía. Se cree que esta energía lo sostiene todo y es inteligente por naturaleza, lo cual significa que se organiza ella misma, se coordina y puede adoptar infinitas formas según aquello en que sea necesario utilizarla. Es la energía que alimenta tu vida y tu cuerpo. El combustible que puede retrasar el envejecimiento y dar mayor fuerza a tus metas y tus sueños.

Los científicos convienen en que el bulbo raquídeo tiene una importancia capital para muchas de las funciones corporales autónomas básicas que normalmente damos por supuestas, entre ellas el latir del corazón, respirar, estornudar, tragar, etc. Se ha descubierto que las neuronas del bulbo raquídeo son responsables en gran medida de la estabilidad general de nuestro medioambiente interior, que incluye los gases, los nutrientes, los iones y el plasma, todos necesarios para el mantenimiento de la vida.[7]

Conclusión: presta atención a las pausas.

Ampliar la práctica de las pausas

1. Siéntate cómodamente y endereza la columna vertebral de modo que forme una línea recta desde la silla hasta el extremo superior de la cabeza. Asegúrate de que esta no se proyecta hacia delante (algo habitual en el mundo actual saturado de teléfonos inteligentes).

2. A continuación, concéntrate por completo en la respiración. Observa simplemente cómo tu respiración fluye con naturalidad hacia tu interior cuando inhalas y con la misma naturalidad hacia el exterior cuando exhalas. No intentes controlarla, contarla ni manipularla para deducir un determinado patrón. Limítate a observarla.

3. Puede serle útil a tu mente que te concentres en un mantra sencillo, como «deja ir», para impedir que vaya vagando erráticamente y para que se enfoque en la respiración. De modo que cuando inhales lo hagas diciendo «deja», y cuando exhales lo hagas diciendo «ir». Pero no intentes acompasar la respiración con el mantra; deja que este siga a la respiración.

4. A medida que vayas avanzando, empieza a prestar más atención a las pausas, los espacios entre tus *inhalaciones* y *exhalaciones*, donde la respiración hace una pausa natural. Al prestar atención a la respiración, esta empezará a frenarse de forma natural, y las pausas entre la inhalación y la exhalación comenzarán a expandirse. Tampoco intentes forzar este proceso. Solo observa. Simplemente fíjate en ello y no te alteres.

5. Procura mantener el cuerpo inmóvil, y no prestes atención alguna a sus pequeños micromovimientos. Limítate a respirar con suavidad y con el menor movimiento físico posible. Nunca aguantes la respiración a la fuerza ni te niegues a tomar aire si lo necesitas. Tiene que ser algo similar a un fluir natural.

6. Si la mente se dispersa, tranquilo(a) pero con determinación vuelve simplemente a observar la respiración. (Con el tiempo es definitivamente mucho más fácil impedir que la mente divague. Cuando yo empecé con estas prácticas, me distraía muy a menudo, pero al repetirlas una y otra vez, observo que puedo mantener la concentración durante periodos cada vez más largos. Con la práctica regular, lo mismo te ocurrirá a ti también).

Lo ideal es que practiques este ejercicio entre cinco y diez minutos por la mañana para comenzar el día, al final del día antes de acostarte o a ambas horas. Aunque solo sea un poco es mejor que nada, pero para empezar a desprenderte de las distracciones de los sentidos y establecer contacto con la increíble e inagotable energía de tu interior, son necesarios por lo menos unos cuantos minutos de práctica.

Cuando termines, siéntate un momento para dar las gracias y observa cualquier percepción o idea que surjan de tu interior. Tal vez te llegue alguna, tal vez no, pero en ambos casos deberías sentirte más tranquilo que al empezar. Sigue observando.

Capítulo 5

ERES AMOR

Mi Padre Celestial es amor, y yo estoy hecho a su imagen.
Soy la esfera de amor en la que brillan todos los planetas,
todas las estrellas, todos los seres, toda la creación.
Soy el amor que se difunde por todo el universo.

—PARAMAHANSA YOGANANDA[1]

EL AUTÉNTICO AMOR

Toda mi relación con el amor cambió después de haber tenido en mis brazos a mi madre cuando abandonó su cuerpo.

El día de San Valentín de 2017 descubrimos que tenía cáncer, algo que nos afectó mucho, porque hasta ese momento siempre había mostrado la energía que en ella era algo habitual. El 26 de marzo mi hijo mayor cumplía un año y tres días más tarde, fallecía mamá, después de tan solo seis semanas desde que le diagnosticaran el cáncer. Todo cambió tan deprisa que aún me cuesta creer que mamá se ha ido.

Entre la una y las tres de la madrugada, pasó algo extraordinario. Mi madre, Sally, ya no podía hablar. Pero le pedí que, si aún podía oírme, me apretara la mano. Y lo hizo. Durante dos benditas horas, sus grandes y hermosos ojos negros se abrieron mostrando amor y una profunda paz. En cambio, yo no dejaba de llorar. Y a través de mis sollozos, vertí fuera mi corazón. Estuve repitiendo y repitiendo, una y otra vez: «El amor nunca muere. Siempre te querré».

Luego vino la parte difícil. La parte realmente dura. Sentía que se aferraba a la vida porque quería estar ahí por mi padre. Llevaban juntos cuarenta años, y eran inseparables. Le tomé la mano y le dije: «Mamá, no pasa nada si te vas. Yo me ocuparé de papá. Lo prometo». La abracé en la cama del hospital, con los brazos rodeándola por completo al percibir que su respiración se iba apagando. Después se fue y su espíritu cobró vida propia.

Uno de los mejores regalos que me ha hecho la vida fue estar ahí con ella, tomándole la mano en sus últimos momentos. En medio de mi propio dolor, había una belleza y una libertad increíbles. Libertad para ella. Libertad para que emergiera el verdadero amor.

Fue entonces cuando experimenté la auténtica verdad de las enseñanzas de Yogananda: «El amor da sin esperar nada a cambio».[2] Cuando le dije a mi madre que descansara, significaba que ya no podría recibir su amor, al menos no de la misma forma. No podría llamarla por teléfono para decirle «¡hola!» ni ella podría consolarme en momentos de estrés o desaliento. No iba a estar ahí para tomar en sus brazos a mi bebé y verlo crecer, verlo andar. No estaría en las fiestas ni cuando riéramos o lloráramos. Sencillamente, nunca más iba a estar físicamente presente en mi vida.

En aquellos momentos previos a que falleciera, me di cuenta de que también yo debía dejar que se fuera. Y así lo hice. Este dejar ir me transformó y me abrió el corazón de par en par. Hoy, pocos años después, entiendo que mi mamá me hizo el mejor de los regalos. Me permitió ver que todos nosotros, cualesquiera que sean nuestro aspecto, nuestras manifiestas limitaciones o nuestro estilo de vida, somos una encarnación pura del amor. Ella era amor.

Tú eres amor. Yo soy amor. El amor lo llevamos dentro en todo momento.

Cuando empieces a entenderlo, experimentarás explosiones de amor procedentes de tu interior, sin ninguna razón particular, y empezarán a producirse con más frecuencia.

EL AMOR ESTÁ DENTRO

En *Self-Realization Fellowship Lessons*, Yogananda describe el fenómeno a menudo trágico del ciervo almizclero del Himalaya. La esencia aromática del almizcle se encuentra en una bolsa situada debajo de la piel del abdomen del animal. Cuando el ciervo madura, el olor del almizcle lo excita, y el animal empieza a buscar desesperadamente de dónde procede. Husmea debajo de las piedras, alrededor de los árboles, en las flores, olisqueando en cualquier lugar al que pueda acceder.

Finalmente, después de unas semanas de busca aparentemente inútil, esos ciervos progresivamente se muestran más inquietos y alterados. Algunos entran en un estado de tal histeria que literalmente se tiran desde elevados acantilados y mueren aplastados en el suelo de los valles. Y en todo momento, lo que andaban buscando —la procedencia del olor del almizcle— estuvo dentro de ellos. Nunca se percataron de que lo que buscaban lo llevaron siempre en su interior.

Así es como nos comportamos la mayoría de nosotros cuando buscamos el amor. Creemos que nos ha de llegar de fuera. Pensamos que provendrá de esa persona que tanto nos importa, de los miembros de nuestra familia. Algunos buscamos la fama y la adoración de los fans (basta pensar en las redes sociales).

Pero en realidad no «obtienes» el amor de los otros. Ocurre sencillamente que algunas personas te incitan a que sientas el amor que ya habita en ti. Ninguna de estas cosas externas son la fuente del amor. En el mejor de los casos, pueden ser reflejos del amor, pero un reflejo no es más que eso: una imagen. Una imagen nos puede aportar muchas cosas: puede orientarnos, desvelar algo escondido, pero el amor trasciende de todas las imágenes. Amar no es un sustantivo. No es una cosa. Amar es un verbo. Esta acción es lo que hace que los niños y las flores crezcan.

El amor es el verdadero *Ser* en acción.

ACCEDER AL AMOR AUTÉNTICO

Cuando intentamos *conseguir* amor fuera de nosotros mismos, surgen los apegos. Todos queremos amar, pues es nuestra propia naturaleza, y sentir el amor es una necesidad que exige ser satisfecha, a veces hasta el punto de la desesperación. Podemos tomar decisiones que nos lleven muy lejos de nuestro verdadero *Ser*. Entre ellas, seguir con una relación por seguridad o porque tienes miedo de quedarte solo, valorar abiertamente tu cuerpo para justificar que intentes atraer a otra persona, seguir invirtiendo grandes cantidades de energía en una amistad que se te ha quedado pequeña o no ser realmente tú mismo para tratar de complacer a tus padres.

Todo parece extremadamente laborioso. Sin embargo, en realidad el amor no tiene nada de difícil ni complicado. Yogananda dice que el amor es muy simple. Amar consiste en conectar con el verdadero *Ser*, el manantial de todo amor. «El amor más grande que puedes sentir es cuando te comunicas con Dios en la meditación»,[3] nos enseña. Y de esto precisamente es de lo que trata este libro, en concreto de que mediante la meditación, a través de nuestra práctica, podemos experimentar la iluminación, la libertad de la paz y el amor que es nuestra auténtica identidad. Por tanto, sí, merece completamente la pena el esfuerzo de sentarse tranquilo y sosegar la mente. Porque, como prosigue Yogananda: «Cuando meditas, el amor crece».[4]

Para saber si nuestro amor está creciendo hemos de observar unos marcadores internos. Entre ellos, sentirnos más alegres, pacientes, amables, comprensivos y conectados con nosotros mismos y con quienes nos rodean. Los marcadores externos, por ejemplo cuántos fans o seguidores tienes, cuántas personas creen que eres divertido y el nivel que alcances en tu campo, nunca serán verdaderos indicadores del amor. El amor no busca puntuar. Amar siempre es un acto apacible.

LA UNICIDAD

Tal vez hayas oído que todo es amor o miedo. ¿Cómo se muestra el miedo en nuestra vida? Aparece en la división y la separación. En sánscrito, engaño o falsa ilusión se dice *maya*, y es la fuerza que divide, diferencia y desarmoniza.[5] En la vida real, se parece al yo contra ti. Nosotros contra ellos. En el miedo se fundamenta el sentimiento de querer competir con otra persona en lo que se refiere al aspecto, el sentimiento de que el éxito obtenido, el tiempo, los recursos o cualquier otra cosa no son suficientes. Esta desconexión a menudo se manifiesta como depresión o ansiedad.

No tenemos por qué optar por el miedo. No tenemos por qué considerar la falsa idea de engaño o separación, aunque las noticias y el resto del mundo nos digan que así son las cosas. Podemos sentir con nuestra propia intuición que la armonía, que se caracteriza por su carácter inclusivo, no exclusivo, es la verdad. El amor es inclusivo, tanto que *todos* estamos incluidos en él. También los recién nacidos, los bebés y cualquier ser humano que esté vivo y respire. Esto es lo que significa la UNICIDAD: que estamos todos en un círculo gigante y lo que le pasa a una persona de este círculo le pasa a la otra. Nuestra tarea consiste en no dejar de cuidarnos unos a otros.

En el fondo, todos estamos conectados mediante el Espíritu, que late con la fuerza de cada uno de nosotros. Las diferencias de la superficie se van haciendo cada vez más triviales a medida que conectamos con la verdad del amor que anida en el interior de cada individuo. Todos somos expresiones diferentes, pero en última instancia tenemos el mismo núcleo: «Cada reflejo del amor procede de un único Amor Cósmico»,[6] dice Yogananda.

Seguro que habrá personas que no hacen que vibremos con ellas. Es posible que no estemos de acuerdo con los valores de los demás, con sus ideas políticas, con su forma de educar a los hijos…, debajo de todas estas aparentes divisiones, sigue habiendo un principio unificador. Todos seguimos siendo parte de la Unicidad. En definitiva, todos seguimos siendo amor. Incluso ese vecino amargado y desagradable que siempre se queja de cómo aparcas el coche. También esa suegra o ese primo que te crispan los nervios. Todos somos amor.

Ahora bien, esto no significa que actuemos como el amor en todo momento. Seamos realistas. Es posible que Buda y Jesús fueran capaces de aceptar a todos sin reserva alguna, algo, sin embargo, que es mucho pedir a cualquiera de nosotros. Estamos en el camino pero no hemos alcanzado aún la meta. Aceptemos dónde nos encontramos, seamos curiosos y analicemos todo tipo de aversión que podamos sentir hacia los demás, sea gente a la que conocemos personalmente, políticos, famosos o lo que sea. En términos prácticos, Yogananda nos enseña que, aunque pueda parecernos que el comportamiento de algunas personas es «desagradable», debemos intentar centrarnos en sus aspectos positivos. No tenemos por qué pedirles que se unan a nuestro equipo de sóftbol ni que nos acompañen a hacer senderismo, pero tampoco debemos criticarlas con dureza. Yogananda dice que el camino que lleva al real y verdadero sentimiento del Amor Omnipresente, en definitiva, hay que buscarlo en el interior de toda alma.

Autorreflexión

¿De quién te sientes desconectado(a)? Puede ser de alguien en concreto o de todo un grupo de personas. Es posible que no estés de acuerdo con su estilo de vida, pero ¿puedes observar en su parte más profunda quiénes son realmente? Incluso más allá de las conductas reactivas y que puedan asustarte, como las que se observan en esas desagradables personas que intentan llamar la atención, o en los racistas fanáticos, o en ese narcisista sexista de la oficina, ¿qué ves debajo de todo ello? ¿Puedes encontrar alguna forma de sentir la unidad con ellos a un determinado nivel y dejar de lado la división? Es mucho pedir, lo sé, pero imagina durante treinta segundos que pudieras ver más allá de estas conductas extremadamente difíciles. ¿Cómo te sientes? ¿Qué sientes?

DAR AMOR PARA SER AMOR

Cuando digo que el amor está en nuestro interior, no significa que no pueda existir también fuera de nosotros. Hay cerca de ocho mil millones de personas en el mundo, y el amor también existe en todas ellas, aunque a veces nos pueda ser difícil verlo. Día tras día mucha gente, si no la mayoría, está dando amor a alguien sirviéndose de la amabilidad, la caridad, la comprensión y el perdón. El acto de amar nos permite *ser* amor, lo cual, además de la meditación, es la forma primaria de cultivar el amor en nuestra vida. Probablemente sea esta la razón de que las personas se sientan tan bien cuando se prestan como voluntarias o cuando contribuyen a mejorar el mundo.

El amor no es fácil de medir, pero la London School of Economics intentó hacerlo. Analizaron a voluntarios y concluyeron que cuanto más se prestaban a la acción de voluntariado, más felices se sentían. Además, desarrollaban la empatía, fortalecían los vínculos sociales y sonreían más, factores, todos ellos, que se cree que aumentan los sentimientos de amor.[7] Esto me recuerda unas conocidas palabras de Muhammad Ali: «Servir a los demás es el precio del alquiler de la habitación que ocupas aquí en la Tierra».

El amor es activo; está en la acción. El amor también puede ser una reacción. Algo a lo que recurres ante alguien completamente estúpido. Eres amor porque has sido amado y has sido creado por el *amor*. Esta es tu herencia, saber que el Espíritu es amor y tú eres amor y formas una unidad con el Espíritu, con el verdadero *Ser*.

¿Qué significa esto en la práctica? Dejar de preocuparte por ti mismo. Hacer algo por otra persona. Ayudar a prosperar a esta persona. No dejarte pisotear, pero no estar a la defensiva. El amor es lo único que, cuando lo das, se te devuelve duplicado. Si comparto una manzana contigo, solo me queda media manzana. Si reparto contigo diez dólares, solo me quedo con cinco. Si comparto amor contigo, ¿qué ocurre? El amor se multiplica. El amor suma. En definitiva, el amor crea.

Y si quieres encontrar el amor, tal vez te convenga dejar de lado las webs de citas durante cierto tiempo y simplemente hacer algo bueno por alguien. Entra en tu interior y empieza a conocerte mediante la meditación. Te garantizo que encontrarás a alguien que esté en tu misma longitud de onda. Entregarte es el camino más corto hacia ti mismo.

Autorreflexión: la fuente del amor

Para llegar al verdadero amor a ti mismo(a) debes emprender un viaje. Reflexiones como esta empiezan a activar percepciones que pueden ayudarte a avanzar en ese camino, pero es cierto que no nos van a llevar al «final» del viaje en un día. No dejes de reflexionar y meditar, y el amor a ti mismo(a) comenzará a crecer siguiendo su propio patrón y su ritmo, como la preciosa flor de loto que emerge del barro.

Resérvate tiempo para reflexionar profundamente y escribe en tu diario las respuestas a las siguientes preguntas:

1. El amor es una acción. ¿Cómo has actuado últimamente en lo que al amor se refiere?
2. ¿Cómo es tu relación con la validación de los demás o la necesidad de ser querido(a)?
3. ¿De qué formas has podido intentar «conseguir» el amor que ya no te hacen sentir bien?
4. Dite a ti mismo(a): «Mi verdadero Ser es amor». ¿Qué se te ha ocurrido al decirlo? Limítate a observar y tomar nota; no juzgues.

EL AMOR EN LAS RELACIONES

No podemos hablar de amor sin hablar también de las relaciones, ¿de acuerdo? Las buenas relaciones pueden elevarte la vida. Pero, aun así, las relaciones no sustituyen el importante amor a ti mismo que llevas dentro de ti y que lo impregna todo.

Hablemos, en primer lugar, del amor romántico. Cuando estabas soltero, ¿en algún momento te obsesionó encontrar una relación? ¿Pensaste que esa pareja ideal que encontraras iba a llenar el persistente vacío de tu interior? ¿El sentimiento de soledad? ¿O alguna vez has estado con alguien porque querías que te amara y te prestara atención, aunque no fuera la relación que te convenía?

Ante todo y sobre todo, recuerda centrarte en conectar contigo mismo, en la reflexión, la calma y la meditación. Consigue conocerte de verdad, un conocimiento que es el precursor del amor a ti mismo. Cuando haces esto en primer lugar, irradias sobre el mundo una energía de gran potencia. Es una razón muy atractiva. Te conviertes en una persona que emana amor, en vez de buscarlo, un amor que te atraerá muchas más posibles parejas de las que jamás quisiste.

Y en todas las relaciones, incluidos tus amigos y familia, mantén el foco en el amor expansivo de la Unicidad. Porque si empiezas a restringir el amor, pueden comenzar a entrar en ti a hurtadillas el afán posesivo, los celos o el apego. Yogananda nos dice: «El apego echa a perder el amor familiar, y todas las formas de relaciones humanas, porque excluye a los demás y es ciegamente posesivo».[8] La raíz de los celos está en el miedo, que, como sabemos, es la antítesis del amor. Provoca divisiones y acaba con la armonía. Para que una relación funcione ha de estar cimentada en una sólida base de confianza. Confiamos en nuestra pareja si decidimos estar con ella; de no ser así, no seguiríamos con la relación. Y confiamos en que estamos conectados con nuestros hijos incluso cuando van haciéndose mayores y se independizan de nosotros. El amor no es apego, y hemos de dejar que *todas* nuestras relaciones se enfríen. Esto no significa que tengamos que rechazar a nuestra familia, sino desear lo mejor en cualquier circunstancia.

Yogananda habla también de la importancia de respetarse mutuamente de verdad en las amistades y en todo tipo de relación, y esto quiere decir: «Aceptar la individualidad de cada uno: dos almas, de carácter diferente, tirando juntas del carro de la vida hacia una misma meta. La confianza ha de ser la norma en la que se asiente una relación».[9]

EL PERDÓN: EL CAMINO QUE LLEVA A ABRIR EL AMOR

El perdón es una forma contundente de acceder a más amor en todo lo que hagamos. A lo largo de la vida, desde la infancia hasta la madurez, nos ocurren muchas cosas que nos pueden causar pequeñas heridas o, tal vez, no tan pequeñas. Si no dejamos que se curen bien, estas heridas se convierten en cicatrices que bloquean el fluir del amor. Estas pequeñas heridas hacen que reaccionemos siempre de la misma forma, que nos molesten las mismas cosas, que le demos vueltas y más vueltas a algo que nos ocurrió en el pasado. Todo ello no solo es una tremenda pérdida de tiempo, sino que atasca las corrientes de amor destinadas a fluir de miles de formas diferentes durante toda nuestra vida.

La única manera de deshacer tales atascos es mediante el perdón. Esto implica dejar que la herida se vaya y se aleje de ti. Puede ser un proceso difícil, pero es algo que nos puede revolucionar la vida.

La ciencia conviene en que perdonar es beneficioso incluso para la salud. Un estudio sobre los efectos fisiológicos del amor, publicado en *Psychological Science*, formulaba la teoría de que el perdón «puede liberar a la persona herida de una prisión de dolor o sentimiento de venganza, generando con ello beneficios tanto emocionales como físicos, entre ellos reducir el estrés, las emociones negativas, los problemas cardiovasculares y mejorar el rendimiento del sistema inmunitario».[10] Según ese estudio, el hecho de no perdonar incluso nos puede cambiar nuestra propia imagen. Mediciones fisiológicas demostraron que mientras los participantes en un estudio «no perdonaban», su electromiografía del músculo superciliar mostraba mayor actividad, una medición de la tensión en la zona del entrecejo, tensión que, como bien sabemos, favorece la aparición de arrugas.

A veces es fácil aferrarse a las heridas. Nuestro ego nos dice que no había derecho a que se nos tratara de una determinada forma, que se nos hizo daño. El ego no se equivoca necesariamente, pero, del mismo modo que retener los alimentos en el sistema digestivo puede provocar obstrucciones, guardarse el dolor puede causar asimismo bloqueos mentales, espirituales y emocionales. Y para mantener el equilibrio, cuando nos aferramos al dolor —a los males que alguien nos ha causado— también cargamos esa experiencia sobre la espalda de otra persona. Y esto nos puede dar una falsa sensación de poder. Es una forma de venganza, muchas veces de venganza pasivo-agresiva, pero, al fin y al cabo, venganza. Al final, quienes salimos escaldados de este deseo de castigo somos nosotros mismos. Tal actitud también puede conducir a un sentimiento sesgado de que tenemos razón o de que somos mejores que otro. Perdonar es como tomar un laxante espiritual: no quieres retener todos esos restos, así que libérate de ellos. Deja que se vayan.

Cuando realmente decides perdonar, sentirás que te quitas un peso de encima. En realidad, ese peso quita de en medio algo que bloqueaba el amor. ¿Alguna vez has sostenido un bloque de algo?, ¿de hielo?, ¿de madera?, ¿de piedra? Todos pesan mucho. El perdón es una liberación que genera energía, algo parecido a eliminar una contractura muscular. Cuando sientes la libertad que te proporciona el perdón una vez, te resultará más fácil hacerlo otra y otra vez.

Uno de los actos de perdón más importantes es perdonarte a ti mismo. Todos hemos cometido algún tipo de error. Piensa en cuando les gritabas a tus padres a pesar de que eras tú quien te sentías desengañado de ti mismo, cuando hiciste mal un trabajo y tuviste que cargar con las consecuencias, cuando mentiste o dijiste tonterías sobre alguien, que después se enteró. En vez de seguir moliéndote a palos por la indiscreción o los errores pasados, avanza hacia una experiencia de compasión hacia ti mismo. Hoy no eres la misma persona que eras hace un año, el mes pasado o ni siquiera ayer. Todos crecemos, a ritmo distinto, pero crecemos.

Piénsalo. Si entonces hubieras sabido lo que ahora sabes, ¿habrías tratado como solías hacerlo a tu compañero de habitación, te habrías alejado de alguien que te importaba, habrías hablado mal de alguna persona a sus espaldas? Probablemente no. Tu camino se sigue desplegando, como lo hace el de cualquier otro. No eras «malo». Ocurre sencillamente que, en aquellos momentos, tu nivel de comprensión era limitado.

A medida que nos vamos ajustando más al amor, descubrimos que sentimos más Unicidad en nuestro propio interior y más Unicidad a nuestro alrededor. Nos damos cuenta de que llevamos el amor dentro y de que somos ese amor que hemos estado buscando todo el tiempo.

Autorreflexión: la práctica del perdón

He practicado el perdón de diferentes formas, y todas ellas han hecho que me sintiera significativamente más ligera y feliz en mi vida cotidiana. ¿Quién de nosotros no guarda cierto resentimiento hacia nuestro padre, nuestra madre o ambos, hacia nuestros colegas, amigos, exparejas, profesores, etc.? El resentimiento es una carga pesada, como una energía paralizada, que en nada se distingue de los bloqueos físicos y las toxinas que se nos pueden acumular en el tracto gastrointestinal.

El perdón es algo complejo, y desde luego no es fácil llevarlo a la práctica. Podemos perdonar a alguien que nos haya hecho daño, pero eso no significa que aprobemos el mal comportamiento de esa persona. Y perdonar requiere tiempo. Si te rompes un hueso, pueden pasar unas semanas hasta que *empieza* a curarse. Te quitarán la escayola, pero seguirás sintiendo cierto dolor y necesitarás fisioterapia, a menudo durante bastante tiempo. Lo mismo pasa con las heridas físicas, emocionales y psicológicas que alguien nos pueda infligir.

El perdón exige tiempo, y este ejercicio te permitirá dar los pasos rehabilitadores necesarios para que te cures. Y para ello hay que transformar el dolor, la amargura, la ira, la tristeza o el trauma en algo liviano de tu ser. La finalidad es *tu* libertad, el despliegue del camino hacia la iluminación y la libertad. Hazlo por ti, y para nadie más.

La que sigue es una versión de una práctica inspirada en una con la que trabajé en un curso de formación en neurorretroalimentación, y la quería compartir contigo porque me pareció de gran eficacia.[11] Espero que también a ti te ayude a darte cuenta de tu energía y de cualquier tipo de ira o resentimiento que aún arrastres en tu cuerpo.

1. Empieza por sentarte a meditar en un lugar tranquilo durante al menos unos pocos minutos. Ello te ayudará a regular tu razonamiento y a ubicar los sentimientos en tu cuerpo.

2. Ahora recuerda algo concreto que te ocurriera con otra persona y que te causó dolor y sufrimiento.

3. Siente lo que sucedió en tu cuerpo. Sé concreto(a). Tal suceso se puede manifestar como una sensación en el cuello y la garganta, en el corazón, en el vientre o en cualquier otra parte. Nota de verdad esas sensaciones para poder procesarlas. No sigas pensando en lo que pasó; limítate a centrarte por completo en tu cuerpo y las sensaciones que van surgiendo. No

tengas prisa en esta parte; antes de pasar a la fase siguiente, espera a que todos los sentimientos y sensaciones se hayan aquietado.

4. A continuación, concéntrate en buscar alguna consecuencia positiva de lo que ocurrió. Puede ser que te hiciera más fuerte, que confiaras más en ti mismo o simplemente que aprendieras a perdonar de verdad. Deja que el sentimiento de gratitud fluya por todo tu cuerpo.

5. Intenta ver la situación desde la perspectiva de la otra persona. Trata de comprender por qué hizo lo que hizo. Tal vez se sintiera herida o arrastre una historia ultradolorosa, quizá tenía un día especialmente malo o pudiera ser que en ese momento tuviera mermada su capacidad de comprensión. Procura incorporar a lo sucedido empatía y compasión, que, junto con el procesado y la gratitud de los pasos anteriores, son algunas de las fuerzas curativas más potentes que puedas aportar. Recuerda que se trata de tu propia curación.

6. Por último, finaliza con el amor. Puedes juntar las manos como si fueras a rezar o adoptar la postura *Anjali* mudra (ese gesto de ofrenda, agradecimiento y respeto hacia el otro); decide dejarlo estar y bendice la situación con amor. Lleva amor a todas las personas implicadas (si puedes hacerlo, es señal de que realmente has perdonado), incluido(a) tú, y termina rindiéndote al gran poder curativo y transformador del amor.

Otras formas prácticas de sentir más amor en tu vida

1. **Sustituye el juicio por la compasión.** Cuanto más podemos ver nuestras propias heridas, más nos damos cuenta de que los demás también las tienen. Y de que esas personas no son necesariamente «malas», sino que proceden de un lugar con escasas perspectivas. También a ellas se les bloquea el amor. Cuando observas una situación con empatía, la puedes transformar y, de paso, ayudar a los demás a reconsiderar su comportamiento y sus acciones.

2. **Sé agradecido(a).** Gracias a la gratitud puedes pasar a poner el foco en la bondad, la positividad y, en definitiva, el amor. Cuando te centras en la carencia, eso es lo que obtienes de la vida. La carencia es mala. Si estás privado de agua y alimento, te mueres. En su lugar, aprovecha la plenitud. Si te centras en la abundancia, también es esto lo que obtienes de la vida. Te das cuenta de lo mucho que ya hay en ella, y si sabes apreciarlo, todo ello aumenta. Además, según *Harvard Health Publishing*, estudios sobre psicología demuestran que el agradecimiento contribuye a que las personas tengan sentimientos más positivos, mejoren su salud y establezcan relaciones más sólidas.[12]

3. **Aporta amor a tus interacciones cotidianas.** Los pasos cortos y diarios son los que marcan la diferencia, y yo lo extendería también a las interacciones que tengas cualquier día: las personas con que te cruzas en la cafetería o la oficina de correos, o las que te encuentras en el gimnasio o esperando el ascensor. Aporta amor a estas interacciones y observa cómo crece en todas las circunstancias de tu vida.

4. **No dejes en tu corazón más espacio que para el amor por los demás.** Dice Yogananda: «La forma de conseguir que las

personas sean buenas es ver todo lo bueno que hay en ellas».[13] Cuando realmente observas el corazón, por debajo de la superficie y más allá de su forma de comportarse, y te centras en esas cualidades positivas, es increíble ver como ellos empiezan a encarnar todas esas cualidades, al menos en su relación contigo. Como veíamos antes, aquello en lo que te concentras tiende a expandirse, así que pon el foco en el amor que anida en el interior de los demás y observa cómo se transforman tus relaciones y que te es mucho más fácil llevarte bien con todos.

Capítulo 6

ERES PLENITUD

¿Tiene menos valor un diamante porque esté cubierto de tierra y barro? Dios ve la belleza inmutable de nuestras almas. Sabe que no somos los errores que cometemos.

—**PARAMAHANSA YOGANANDA**[1]

LA GRAN PARTE DE TI

¿Qué significa «eres plenitud»? Muchos tendemos a fijarnos en las cosas superficiales que podemos ver, por ejemplo nuestro aspecto, las etiquetas que nos ponemos (mujer, hombre, madre, padre, esposa, bibliotecaria, contable, abogado, joven, de mediana edad, estudiante, etc.), las cosas que hemos hecho, los objetivos que aún tenemos como meta. Pero todo esto en realidad es una menudencia si lo comparamos con lo que hay debajo. Bajo lo que el escritor y psicólogo Wayne Dyer llama «ese uno por ciento de vivir la vida a través de nuestra forma física» hay algo mucho mayor, concretamente el verdadero *Ser*.[2]

Puedes juguetear con las cosas de la superficie cuanto te plazca. Algunas son divertidas; otras, no. Pero si no conectas con la parte de ti que es la plenitud, seguirás sintiéndote pequeño, no importa en qué, algo que después se traduce en un sentimiento de carencia. Como ya he dicho, la carencia bloquea la confianza, el amor propio y la paz. Y la «carencia de energía» repele el amor, las relaciones hermosas y las oportunidades. Es lo contrario de la plenitud y, como nos enseña Yogananda: «Si una ola no se autodisuelve y pasa a formar parte de la plenitud del mar, sigue desordenadamente limitada».[3]

Una vez que sepas aprovechar esa plenitud, toda tu relación con la vida cambiará. Abres el camino a todo tipo de apasionantes relaciones, que pasarán a formar parte de tu vida, y a las oportunidades que reflejan el crecimiento de la conciencia de ti mismo, la abundancia, el amor y, en definitiva, la libertad que supone la iluminación.

CUANDO TE COMPORTAS COMO SI FUERAS QUIEN NO ERES

Todos deseamos ser la mejor persona posible que podamos ser. Muchas veces fracasamos en tal intento. Cuando nos sentimos despreciados o incomprendidos, nos comportamos de forma airada, mezquina y resentida. Podemos actuar desde los puntos heridos de nuestro interior, para después sentirnos culpables de nuestra conducta. Es importante que aprendamos las lecciones de las experiencias que vivimos y que a continuación avancemos. Yogananda nos enseña: «Cultiva el olvido de los errores pasados y los sentimientos de revancha y estimula únicamente el recuerdo de lo bueno».[4] Y sigue: «Al recordar exclusivamente las experiencias buenas del pasado, acabarás por recordar tu unicidad con el Espíritu».[5]

El problema se plantea cuando hacemos lo contrario y no dejamos de fijarnos en todo lo «malo» que hemos hecho. La culpa corroe, lo cual es peligroso, porque sentirse culpable durante mucho tiempo puede dar lugar al remordimiento, la pena y la lástima.

El remordimiento es una especie de autojuicio severo, y aparece cuando se nos antoja que parte de nosotros es inadecuada, inapropiada o inmoral.[6] Pero realmente, en este preciso momento, toda la experiencia de tu pasado solo existe como pensamientos. Si te detienes a pensarlo, es completamente absurdo que nos sigamos permitiendo que nuestros propios pensamientos hagan que nos sintamos mal y arrepentidos.

El remordimiento está fuertemente relacionado con la depresión, como lo demuestra un metaanálisis a gran escala cuyos investigadores analizaron ciento ocho estudios que implicaban a más de veintidós mil sujetos.[7] Otros investigadores también han encontrado una conexión entre el remordimiento y la ansiedad.[8] En otros estudios se han descubierto incluso consecuencias negativas para la salud física relacionadas con el remordimiento, entre ellas la segregación de la hormona esteroidea cortisol[9] y de citoquinas proinflamatorias,[10] todo ello relacionado con la disminución de nuestra inmunidad y, en general, el deterioro de nuestra salud corporal.

Cuando empezamos a identificar esas conductas y características como lo que realmente somos, nos alejamos por completo de nuestra verdadera naturaleza. Comenzamos a pensar menos en nosotros mismos. Que no somos buenos, que es imposible que alguien nos quiera, que no merece la pena el tiempo que otros nos puedan dedicar. Todas estas ideas son auténticas sandeces.

Para empezar, tú y yo estamos en el viaje hacia la iluminación, de modo que ninguno de los dos es perfecto. Cometemos errores y aprendemos, y en algunos casos cometemos el mismo error varias veces, y también aprendemos. Es lo que hay. Y en segundo lugar, aunque tu verdadero *Ser* siempre esté brillando, tus formas superficiales de comportarte no son sino partes de tu condición humana. Parte de tu ego que intenta protegerse de los peligros que imagina, por ejemplo del rechazo. Nada de todo eso es tu verdadero *Ser*. Es la parte dolida, asustada y miedosa de ti que intenta imponerse y proyectar su dolor. Yogananda llama al ego «pseudoalma», la sombra del alma. Así que deja de obsesionarte. Es posible que muchos pensemos que de algún modo necesitamos reparar lo que hayamos hecho para martirizarnos y sentirnos culpables indefinidamente. Este tipo de pensamiento debe cesar.

Imagínate el ego como un adolescente pesado e inaguantable. Los adolescentes creen que lo saben todo, pero en el fondo no tienen ni idea, y lo saben. Cuestiónales una idea y ¿qué hacen? Lo habitual es que se lancen al ataque y a insultarte, además de comportarse de forma ilógica y obstinada. Lo sé. Yo también fui adolescente. Como tú. Todo esto puede ser desconcertante y extremadamente agotador. Pero, al final, tal invectiva no procede de un puesto de superioridad, sino de un puesto de incertidumbre y miedo.

Dicho esto, el ego no es malo, sencillamente está mal informado.

SIGUE AVANZANDO

Mientras vamos de camino hacia una vida vivida desde el verdadero *Ser* y seguimos con nuestras meditaciones y la práctica, sumamos mayor cantidad de esas cualidades que nos emocionan y que están relacionadas con la iluminación: el amor, la paz, la alegría. Y esas cualidades se ajustan a quienes realmente somos. El acceso al fluir de la autenticidad seguirá influyendo externa y progresivamente en más acciones nuestras.

Conocí a mi amiga, a la que voy a llamar Alyssa, en un círculo de mujeres (hablaré de él en un momento). Alyssa pasó por una fase dura en que se sentía sola y perdió el contacto con su propia fuerza y su voz. Poco a poco se iba sintiendo alejada de su marido, que aún quería salir de fiesta todos los fines de semana, mientras que ella no dejaba de ansiar una vida más sosegada. Empezó a acompañar a un hombre que conoció en el gimnasio y que le prestaba mucha atención. Una cosa llevó a otra, y mi amiga tuvo una aventura amorosa, que hizo que se sintiera terriblemente mal y avergonzada; una auténtica tortura. Contó el incidente a su marido y se disculpó.

No obstante, el matrimonio acabó en divorcio (y mucho drama). Su entonces ya exmarido le mandó un correo con la lista completa de invitados a su boda, doscientas setenta personas, entre ellas las abuelas y los amigos de toda la vida de la familia, a quienes contó lo sucedido. En medio de tal desdicha, Alyssa fue despedida del trabajo.

Como puedes imaginar, mi amiga tocó fondo. No tenía trabajo, amigos ni dinero. Sus padres estaban furiosos con ella y en las redes sociales la acosaban tanto que borró todas sus cuentas.

Alyssa acumuló mucho remordimiento por lo ocurrido, lo que hizo que engordara siete kilos, y las dos siguientes personas con las que salió fueron increíblemente egoístas y, además, la engañaban. Poco después, volvió a tocar fondo. Se dio cuenta de que toda la culpa con la que seguía cargando continuaba manifestándose en el mundo de su alrededor y afectaba a todo lo que era capaz de atraer. Mediante el uso constante de su diario, la meditación y la conexión con una comunidad nueva que conoció en los círculos de mujeres, al final consiguió perdonarse, tres años después de aquella aventura. Hoy se siente mucho más aliviada y feliz. Por primera vez, se ha aceptado de verdad a sí misma, incluido su cuerpo. Sigue soltera a conciencia, lo cual le deja más espacio para llegar a conocerse más profundamente.

Con todo ello no quiero decir que el engaño o la falta de honestidad se puedan justificar. Me refiero a que todos hemos hecho cosas más o menos graves de las que no estamos precisamente orgullosos. ¿Es esto lo que nos ha de definir el resto de nuestra vida? ¿Se supone que llevamos una gran letra escarlata grabada en la frente, en este caso una gran *E* de engaño o una gran *C* de cotilleo o una *M* de mentiroso? ¿Dónde está la línea divisoria entre aprender la lección y olvidarse de lo sucedido?

ENCONTRARNOS UNOS A LOS OTROS DONDE ESTEMOS

Una de las razones de que haya tantos problemas en el mundo es que nos cuesta conocer a los demás sin posicionarnos. Tenemos expectativas sobre cómo deberían ser, en lugar de dejar que sean lo que son.

La filosofía yogui nos muestra el camino de la no dualidad. Esto significa que simplemente *somos*. Sin juzgar. La no dualidad implica que muchos de tus aspectos tendrán sus altibajos, como las olas, pero por debajo de todo ello, sigues siendo tú. Tu esencia profunda *siempre* ha estado ahí. Incluso en tus diferentes formas de comportarte.

Y, créeme, he actuado de manera sentenciosa, mezquina y despreciable, pero después de dedicar tanto tiempo a las enseñanzas de Yogananda y de entrar en contacto con mi verdadero *Ser*, me he desprendido de muchas de estas conductas, que, en realidad, son un reflejo del actuar desde el yo herido.

El muy estimado Swami Sri Yukteswar, el gurú de Yogananda, dice: «Olvida el pasado. Múltiples remordimientos oscurecen las vidas ya pasadas de todos los hombres [y mujeres]. No se puede confiar en la conducta humana mientras la persona no esté anclada en lo Divino. Si ahora haces un esfuerzo espiritual, en el futuro todo mejorará».[11] Así pues, no dejes que el pasado dificulte hoy tu progreso y obstaculice tu avance. *Decide* aprender de él, asimilar sus lecciones para que te ayuden a tomar mejores decisiones en tu voluntad de seguir adelante, y no seas tú mismo quien lo impida.

Tú, yo y todas las personas que conocemos estamos en el punto exacto de nuestro viaje. Cuando somos capaces de encontrar a los demás donde están y mirarlos a los ojos y ver realmente lo que esconden debajo de su estado de ánimo y su forma de comportarse, es cuando podemos estar seguros de que progresamos. Además, nos vamos aproximando a ser comprensivos con nosotros mismos.

Autorreflexión: identificarse con la luz

Hemos estado hablando mucho sobre el verdadero *Ser*, que quizá para ti sea una idea completamente nueva; por eso, con el fin de que puedas comprenderla mejor, quiero exponértela en forma de ilustración.

Imagina un haz de luz blanca que te ilumina tu parte central, como si fuera la columna vertebral. Pero en lugar de asimilarla a la naturaleza física de las vértebras y los nervios, imagina que esta luz blanca te representa en tu punto central como pura energía. Desciende como la luz de un foco a través de todo tu ser.

Cuando vas por el mundo, cuando piensas en ti mismo y tu verdadera identidad, puedes sintonizar con el verdadero *Ser* visualizándote e identificándote con esa luz perfecta y brillante que llevas dentro de ti. Asimismo, puedes empezar a ver a las personas por lo que realmente son, centrándote en distinguir la luz de su interior, aunque temporalmente esté oculta debajo de comportamientos un tanto inmaduros o molestos.

La luz es el verdadero *Ser*, y es la Divinidad que habita en cada uno de nosotros. Ahora bien, esto no significa que debas aplastar tu condición humana, a la persona luchadora que avanza a trompicones y cometiendo errores, pero sí significa que pongas las cosas en el orden que corresponda: tu parte Divina ya está perfecta y plena, y reconoces que es tu verdadera identidad. Sin embargo, al mismo tiempo, has de amar y comprender la parte humana que hay en ti y que se encuentra en proceso de pasar a ser tu plena verdad. La aceptamos, la perdonamos y la queremos porque retrocede para fundirse por completo con el verdadero *Ser* a lo largo del viaje a menudo caótico de la vida, llena de altibajos y de muchas lecciones.

ERES EL SOL Y LA LUNA

Hace unos años, empecé a asistir a los círculos de mujeres, que, fundamentalmente, consisten en un grupo de mujeres que se reúnen y hablan de cuál es su situación actual y de cómo les va en la vida. No se dan consejos (a menos que se pidan de forma explícita). Se trata sencillamente de compartir un espacio. El círculo protege de la vulnerabilidad y posibilita que cada mujer manifieste su verdad y que las demás sean testigos de ella.

Cuando empecé, la parte de la vulnerabilidad me pareció bastante radical. No estaba acostumbrada a sentarme formando un círculo y hablar tan abiertamente delante de otras personas. Pero enseguida comprendí que esta especie de conexión comunicativa tribal puede ser un instrumento de una inmensa capacidad curativa. Estas comunidades a menudo son el eslabón perdido en el camino hacia el bienestar total y el sentimiento de plenitud.

Me entusiasmé con los círculos de mujeres y pronto empecé a dirigir uno propio. Después pasé a organizar todo el programa virtual del Círculo Solluna. (¡Vamos! ¡Únete al grupo! Puedes informarte en mi web). En el círculo ocurre algo increíble, mágico y místico. A veces saltan las lágrimas, a veces no. Pero el mero hecho de estar ahí, de escuchar atentamente y ser sinceras y vulnerables sobre nuestros afanes y lo que ocurre realmente en nuestras vidas, hace que se produzca la transformación. Somos espejos en los que nos miramos mutuamente.

Por decirlo de algún modo, quitarte la máscara y limitarte a ser sencilla y realmente tú misma te hace muy fuerte. Nos ponemos máscaras de todo tipo ante muchas personas de nuestra vida: los compañeros del trabajo, nuestros seguidores de las redes sociales, incluso nuestros amigos. Pero en el círculo no son necesarias, de modo que la sanación sólida puede proceder del hecho de que se te vea realmente como eres de verdad.

Muchas mujeres de los círculos hablaban del enorme alivio que sentían al poder expresar lo que llevaban en el corazón. Y muchas también insistían en los cambios que podían hacer realidad en su vida gracias a esas expresiones que se compartían en los círculos.

La siguiente actividad es una forma de tener tu propio círculo personal contigo misma(o). Es un espacio sagrado y privado de autorreflexión que en realidad puede liberar mucha energía reprimida que se genera al desprendernos de partes de nosotros mismos. Esto requiere vulnerabilidad, porque es posible que, para no ver tales cosas, te hayas protegido detrás de una dura coraza de inconsciencia. Rechazar cualquier parte de nosotros equivale a autonegarnos. El rechazo es estancamiento y represión. Cuando dejamos que nuestra totalidad aflore, podemos convertir nuestra vida en plena y apasionada. Y, a partir de ahí, podemos empezar a querernos de verdad. No de forma superficial ni provisional, sino de forma real.

Cuanto más puedas ver, más puedes soltar y más orientarás tu vida a partir del *Ser* verdadero. Entonces *te* exiges más: el amor, la belleza, la claridad, la alegría que has estado manteniendo alejados de ti.

Autorreflexión: eres el sol y la luna

Abre una página nueva de tu diario y traza una línea vertical en el centro. A la izquierda, dibuja un sol y, en la parte superior de la página, escribe: «Soy el sol». Aunque no sea el signo más apropiado, vamos a utilizar el símbolo del sol para tus «rasgos» positivos. Haz una lista de todo lo que te guste de ti. *Amable, comprensiva(o), buena amiga(o)*, etc., pueden ser algunas de las palabras que puedes incluir.

Después, a la derecha de la línea vertical, dibuja una luna en la parte superior de la página y escribe: «Soy la luna». Haz una lista de los rasgos que forman parte de tu zona oscura, aquellos que no quisieras ver dentro de ti pero, en el fondo, sabes que a veces no pasan desapercibidos. Es una lista un poco más difícil de componer, ¿verdad? Escribir algunas de estas cosas puede parecer una tarea ardua, pero recuerda que el gran poder procede de la conciencia. No te reprimas. En tu lista pueden constar características como *impaciente, mezquina(o), celosa(o)* e *irascible*. No te distraigas durante este proceso (una tentación muy posible). No empieces a juguetear con el teléfono ni a morderte las uñas.

El que sigue es un ejemplo de cómo podría ser una de estas páginas:

Soy el sol	**Soy la luna**
Encantadora	Crítica
Amable	Tacaña
Honrada	Envidiosa
Paciente	Impaciente
De mente abierta	De mente cerrada
Organizada	Miedosa
Reflexiva	Descuidada
Sé escuchar	No sé escuchar
Incluyente	Excluyente
Cálida	Distante
Comprensiva	Maliciosa
Carismática	Testaruda
Sé perdonar	Avara
Generosa	Egoísta

Cuando termines, compara las dos listas. Respira profundamente un par de veces y siéntate de modo que acomodes todo el cuerpo. Deja que emerja o desaparezca cualquier sentimiento o juicio. **Acuérdate de que, en última instancia, estas características van unidas a las conductas superficiales que forman parte de tu ego; no son tu yo real. El verdadero *Ser* trasciende de todos estos rasgos. El verdadero *Ser* simplemente es.** Pero repasar la evolución de ver y reconocer detenidamente todas tus maneras de comportarte y tus tendencias es parte del proceso de incorporarlas a tu totalidad. Forma parte de tu propio ciclo del sol y la luna.

Deja que este proceso te ocupe el tiempo que te ocupe, pero, por favor, céntrate en él al menos diez minutos o más. Cuando esté completo, cierra los ojos y repite el mantra: «Soy plenitud».

Además de engañarnos con características o rasgos generales como ser impaciente o despreciable, podemos ocuparnos del profundo arrepentimiento por cosas que hayamos hecho. Como Alyssa, de la que hablaba antes en este mismo capítulo, las cosas que no encajan perfectamente con las pequeñas y pulcras etiquetas en las que basamos nuestro sentido del yo pueden hacer que nos sintamos mal, culpables y avergonzados de nosotros mismos. Por ejemplo, nunca se me hubiera ocurrido que pudiera divorciarme, tener hijos por cesárea y no de parto natural (aunque, oye, intenté que no fuera así), ser madre soltera o a veces ser crítica o grosera, pero en mi vida he sido y hecho todo eso. Me avergonzaba y arrepentía sinceramente de algunas de estas cosas del pasado que no encajaban en la identidad que me había construido desde fuera, hasta que supe procesarlas. Ahora puedo hablar de ellas abiertamente y sin remordimiento, gracias a esta práctica y este trabajo. Soy dueña de estas partes de mí, y no son ellas las que lo son de mí. Es algo increíblemente liberador.

Esto no significa que tengamos que advertir a todos de que hemos hecho una especie de confesión obligada al mundo. Quiere decir que, dentro de ti, has de empeñarte en aceptar todas las cosas que hayas hecho en el proceso de incorporarte de nuevo a tu plenitud. Tú eres quien sabe todo lo que ha ocurrido durante el viaje desapacible, hermoso, impredecible y exigente de tu vida: esos ligues con personas de más que dudable atractivo cuando ibas un poco mareado, los cotilleos, ese examen en el que copiaste, aquella pareja a la que engañaste o todas las veces que habrías podido ser un amigo mejor.

Dice Yogananda: «Evita mortificarte por todo lo malo que hayas podido hacer. Ahora ya no te pertenece. Olvídalo. La atención es lo que crea hábitos y recuerdos».[12] Por tanto, recuerda que no debes seguir centrado en tus comportamientos pasados prestándoles más y más atención *nueva*. En su lugar, aprópiate de las características que demuestras y siempre has demostrado, y una vez que las contemples y te permitas sentirlas y aceptarlas, puedes librarte de ellas. Aprende las lecciones, renuncia a descansar y avanza, libre e íntegro.

ESTÁS MÁS ALLÁ DE LOS NÚMEROS

Una parte de encarnar la plenitud como tu auténtica naturaleza es no dejar que los números te definan por completo. No hay duda de que las cifras nos pueden dar una pincelada amplia sobre cómo nos van las cosas, de modo que no sugiero que prescindamos de todos los números y simulemos que no existen en el mundo. Sería un engaño. Respeta los límites de velocidad y los que te indican la presión arterial. Lo que quiero señalar es que dejemos de ceder a los números todo nuestro poder, sea los kilos que pesamos, la obsesión por nuestro salario actual o por cuántos seguidores tenemos, etc. Si estas cifras pueden afectar profundamente a tu estado de ánimo o al valor que te das a ti mismo, ha llegado el momento de colocar de nuevo los números en su propia perspectiva.

Y en cuanto a lo paradójico de la obsesión de nuestra sociedad por perder peso, siempre he pensado que cuando nos sentimos realmente bien, centrados y conectados con nosotros mismos, nos es mucho más fácil dejar esos kilos de más sin necesidad de que nos obsesionemos. ¿Y por qué? Porque cuando nos sentimos bien, estamos menos estresados y solemos hacer mejor la digestión. Y nos sentimos motivados con mayor naturalidad a intentar comer alimentos más sanos. Tenemos menor propensión a ceder ante las picaditas entre comidas cuando tenemos motivos alegres y estamos conectados con nuestra energía interior natural a través de nuestras meditaciones. Entonces no nos vemos obligados a intentar sacar energía de fuentes exteriores, como la comida. De modo que, a fin de cuentas, es mucho más importante —y efectivo— seguir trabajando en sentirse en contacto con la energía expansiva y más profunda de tu verdadero *Ser* que quedarse atrapado en los números.

Yogananda advierte de la preocupación excesiva por los números. Por ejemplo, aconseja que no hablemos de nuestra edad. En vez de desvelarla, podemos decir: «Soy inmortal». Si te quedas enganchado en el año en que naciste o, en otras palabras, en tu edad cronológica, te das cuenta de que obsesionarse por ello puede generar ansiedad, que no hace sino desgastarte. Incluso puedes empezar a moldearte según el aspecto que «debería» tener alguien de una determinada edad. Por ejemplo, una persona que esté por los cincuenta podría empezar a parecer «vieja» porque lleva grabado en la mente el aspecto que ha de tener alguien de esa edad: encorvado, el pelo canoso y barriga. Abandona estas ideas. La mente es poderosa, y si creemos en el poder absoluto de los números, efectivamente van a ejercer tal poder sobre nosotros.

La verdad es esta: lo que no tiene límites y es auténtico no se puede medir con números. Piensa en el amor. ¿Puedes medir el amor utilizando una escala? De ningún modo. ¿Puedes determinar cuánto pesa la sabiduría? ¿Y la verdad o la auténtica belleza? (No estamos hablando aquí en absoluto de las puntuaciones que se obtienen en un concurso de belleza). No. Al sintonizar con la ausencia de límites, tu realidad se expande. No queda confinada en unas cifras arbitrarias.

Continúa viviendo sin límites. Es imposible que nos iluminemos si pensamos que somos pequeños. Y, al fin y al cabo, los números no son sino pequeñas cuentas.

LA PLENITUD EN LA NATURALEZA

La plenitud se encuentra en la naturaleza. En realidad es una de las cualidades que la definen, y está en cada hoja de hierba y cada piedra que, sin disculparse en modo alguno, sigue siendo lo que es. El mar es lo que es y siempre será: tormentoso y con fuerte oleaje un día y sereno al siguiente. La rama de árbol puede ser nudosa y doblarse, pero no por ello pierde la fuerza que también es.

El sol brilla durante el día, se cambia por la oscuridad por la noche. No es que una parte sea la «buena» y la otra la «mala», sino que se trata de todo un ciclo completo. La Madre Naturaleza *es* la luz y la oscuridad, y la salida y la puesta del sol, además de todas las partes intermedias.

Es todas las formas, pero por debajo de todo ello está la energía omnipresente del Espíritu. Y lo mismo ocurre contigo. Eres todo lo de la superficie y, al mismo tiempo, eres la plenitud del verdadero *Ser*, que lo ilumina todo.

Autorreflexión: absorber la plenitud de la naturaleza

Podemos aprender de la inmersión. Y la inmutable plenitud que se encuentra en la Naturaleza es un buen profesor con quien sentarse. Para este ejercicio, simplemente busca un punto de la naturaleza que te atraiga. Puede ser un parque si vives en la ciudad, o la orilla del mar o de un lago, las montañas, el césped de tu casa o un árbol del patio donde juegan tus hijos.

Mira a tu alrededor sin hacer juicio alguno, con los ojos bien abiertos. Observa que en la Naturaleza todo simplemente es. Siéntate en el suelo (de ser posible) al menos entre diez y veinte minutos con el ser de la Madre Naturaleza. No escuches música. No hables. Limítate a estar relajado(a), observar y presenciar. Siente la fuerza de la plenitud o del mero hecho de ser y no hacer. Si es posible, haz la práctica de la meditación señalada en los capítulos siete, diez y veinte.

Consejos prácticos para encarnar la plenitud en tu vida

1. **Elige soltar.** Elige una acción pasada de la que estés arrepentido(a). Puede ser perder los nervios con tu hijo o la persona más allegada, mentir, comportarte como un mezquino(a), robar o cualquier otra cosa. Recuerda lo sucedido y deja que, al hacerlo, tu cuerpo trasluzca todo tipo de sentimiento que surja. A continuación, respira profundamente y busca la lección o las lecciones que aprendiste de aquel incidente. Puede ser algo tan sencillo como: «Bueno, no lo volveré a hacer». Cierra los ojos, pon ambas manos sobre el corazón y di en voz alta o interiormente: «Ahora dejemos que se vaya». Y hazlo. En toda la medida que puedas en ese momento, siente que has hecho todo lo que ahora podías hacer —el pasado es el pasado, como dice Yogananda— y deja que se vaya por completo. Permite que salgan todos los sentimientos para que después se aquieten.

   Mientras sigues con la práctica de la meditación y el diario personal, es posible que cada vez seas más consciente de otros incidentes a los que te aferras. Por favor, repite este ejercicio en cualquier momento para cada uno de esos incidentes, desprendiéndote de tus conductas pasadas y, en su lugar, centrándote en la plenitud del ahora.

2. **Cambia tu foco**. Cuanto menos te centres en los números, menos te van a controlar ellos a ti. Tira cualquier cinta de medir; deja de comprobar cada diez segundos cuántos «me gusta» acumulas en tus *posts* de las redes sociales. Olvídate de decirle a la gente los años que tienes siempre que mantengas una conversación. Deja de disculparte a ti mismo y frente a quienes estén a tu alrededor de que actualmente tienes X dinero, y no Y.

Cuanta más ansiedad te generen los números, más te agotarás. Es como cambiar el centro infinito por el finito limitador. ¿Cambiarías la abundancia ilimitada por un billete de cien dólares? Probablemente no.

Adopta una actitud de confianza. Mantén tu energía y tus pensamientos centrados en tu naturaleza interior, que no tiene límites ni le afectan los números.

3. **Céntrate en cómo te sientes**. Sintoniza con tu cuerpo y céntrate en cómo te sientes con la ropa que llevas y en los sentimientos que te genera ir andando por el mundo. No dejes que ninguna medición ni la fecha de nacimiento que consta en tu partida te digan cómo has de sentirte. Si te sientes estupendamente, sigue por ahí. Si te sientes desanimado(a) y andas escaso(a) de fuerza, haz algo al respecto que te haga sentir mejor. En ambos casos, aporta más energía sintonizar con tu cuerpo y tus sentimientos interiores que ignorarlos y confiar en recursos externos.

4. **Recuerda que eres el núcleo, no la cáscara**. Piensa en un coco. ¿Alguna vez has visto un coco recién cortado del cocotero? La cáscara exterior, que no alcanza el grosor de un centímetro, está formada por una madera áspera curtida. Pero

la esencia del coco no es esto. Debajo de la cáscara está el fruto: la carne blanca como la nieve y la dulzura del jugo. Lo delicioso de la vida –lo que sostiene– procede del interior. Recuérdalo siempre.

Ve a tu interior e instálate allí. No te identifiques con tu cáscara, que se caracteriza por cosas que puedas haber hecho en el pasado, tus enfados repentinos y tus heridas, tu peso, tu edad, el recuento de calorías, tu altura, tus ahorros actuales y tu salario. Todo ello no es tu yo auténtico y, dicho sea de paso, y como nos enseña el fuerte coco, lo de dentro *es* muchísimo mejor.

Capítulo 7

PRÁCTICA: MEDITACIÓN, 1.ª PARTE - LA BASE

Muchas personas se afanan inútilmente durante toda la vida en alcanzar un objetivo material, sin darse cuenta de que si hubieran invertido una décima parte de la concentración empleada en la busca de cosas mundanas en encontrar primero a Dios, hubiesen podido ver cómo se cumplían no solo algunos, sino todos los deseos de su corazón.

—PARAMAHANSA YOGANANDA[1]

La ancestral sabiduría yogui nos enseña que la meditación es la práctica más importante que existe para la iluminación y la transformación personal. Y punto. No hay en la vida muchas cosas tan claras, de ahí el placer de encontrar una auténtica verdad.

Durante los últimos cuarenta años, el mundo moderno se ha ido dando cuenta. Hoy existen innumerables programas, clases, centros y aplicaciones sobre la meditación. ¿Cuál conviene seguir? No hay una respuesta correcta ni incorrecta. Pero si tu objetivo es la iluminación, la clave está en seguir un camino que parta de un maestro consagrado o gurú. El término *gurú* es una palabra de mucho peso en sánscrito. Literalmente significa 'aquel que te lleva de la oscuridad (*gu*) a la luz (*ru*)'.

Del mismo modo que no quieres que te enseñe a instalar el sistema eléctrico de una casa alguien que no ha instalado más sistema que el de algún experimento escolar, quieres que te enseñe a meditar alguien que sepa de qué está hablando. Alguien que haya estado en la cima de la montaña de la iluminación y pueda mostrarnos el camino que nos lleve a ella.

Cuando descubrí las enseñanzas y las técnicas de meditación de Yogananda, me di cuenta de que eran fruto de una gran sabiduría. El Kriya yoga procede de una estirpe de grandes maestros de yoga de miles de años de antigüedad. Esta es la razón de que las técnicas de meditación de Yogananda se hayan verificado y funcionen.

En mi opinión, aprender del camino seguido por un auténtico gurú es como crear una base sólida para un recipiente. Cuando ya dispones de un recipiente sólido, por ejemplo un cuenco, y has taponado algunas fugas, como las dudas sobre ti mismo y el desperdicio de energía por dejarte vencer por el miedo, entonces puedes empezar a llenar el «cuenco» de tu vida con lo que quieras.

Todas las antiguas y secretas enseñanzas del yoga se transmitieron de boca a boca, directamente del profesor al alumno. Yogananda fue el primero que dejó por escrito las enseñanzas del Kriya yoga y en contribuir a hacerlas más accesibles para personas de cualquier lugar, porque se dio cuenta de que el ajetreado y confuso mundo actual las iba necesitando con progresiva urgencia.

Varias prácticas y meditaciones que expongo en este libro están adaptadas siguiendo las instrucciones de Yogananda durante sus conferencias públicas y sus escritos, y las que se podían encontrar en sus obras publicadas. Si quieres profundizar, lee *Self-Realization Fellowship Lessons*, una información que puedes encontrar en la sección «Recursos», en la página 267. Estas lecciones profundizan mucho más en la ciencia del Kriya yoga. En el núcleo de este hay técnicas específicas que te ayudan a sosegar el cuerpo y la mente, y posibilitan apartar la energía y la atención del habitual torbellino de pensamientos, sentimientos y percepciones sensoriales, para que puedas vivir la experiencia cada vez más profunda de paz y conexión con el verdadero *Ser*.

En este apartado, vamos a sentar una base sólida para la meditación sobre la que puedas ir construyendo a medida que vayas progresando más y más en tu viaje

Empecemos.

Instrucciones para iniciar la meditación

1. En primer lugar decide dónde vas a hacer esta práctica

En un mundo completamente ideal, deberías meditar todos los días en el mismo sitio, porque la energía se va acumulando con el tiempo. Si meditas en el mismo sitio, tu cerebro y el resto de tu cuerpo perciben que ha llegado la hora de empezar a trabajar.

Tu espacio para la meditación puede ser un pequeño rincón de tu habitación o de la sala de estar, incluso un armario. Puedes usar una silla especial o simplemente un cojín. En mi dormitorio yo tengo un altar y un punto de meditación, que utilizo para mis meditaciones de la noche, cuando los niños ya se han acostado. Pero por la mañana, mis dos hijos están en mi cama desde la salida del sol, y ahí se quedan, de forma que la única posibilidad que tengo de realizar mi práctica es simplemente incorporarme en la cama y meditar. Y todo pese a la atención que me reclaman y a que no dejan de jugar.

No es lo ideal, y mi práctica de la mañana no va a ser así para siempre, pero lo cuento para demostrarte que también tú puedes practicar de modo constante en medio de tu vida tan atareada (y, a veces, de locos). Es posible que no sea una práctica exactamente perfecta, pero mientras seas constante y pongas en ella todo tu esfuerzo, progresarás e irás dando pasos adelante. Y los resultados harán que *todo* haya merecido la pena.

2. Colócate en la posición adecuada

Yogananda dice asimismo que intentar meditar con la columna vertebral doblada es como tratar de disparar una flecha torcida. La postura es importante. Estamos trabajando con la energía de tu espina dorsal y tu cerebro, de modo que aquí los detalles son importantes. Estas son algunas cosas en las que te debes concentrar. Puedes sentarte de dos formas: (1) en una silla rígida y de espalda recta o (2) en el suelo con las piernas cruzadas. Para lo segundo, utiliza un almohadón que te levante un poco las caderas, con lo cual te sentirás más cómodo si estás sentado durante periodos más largos.

Levanta la columna vertebral de modo que los hombros se sitúen sobre las caderas. Asegúrate de que la barbilla esté en posición paralela con el suelo (no inclinada hacia abajo, que es lo que solemos hacer en este mundo de uso incesante del teléfono móvil).

Si te sientas en una silla, no dejes que la espalda resbale por el respaldo de la silla. Esto constriñe la energía que utilizamos para «magnetizar» la columna vertebral, de arriba abajo.

Haz pequeños ajustes cuando te pongas en la debida postura por primera vez: subir y bajar un poco la cabeza, haz unos cuantos giros de hombros, sacude ligeramente las caderas... Después deja de ocuparte del cuerpo. El objetivo es adoptar una postura cómoda en la que te puedas sentir estable y, a la vez, relajado(a). Esto te ayuda a olvidarte de tu cuerpo cuando empieces la práctica.

Todo esto requiere su tiempo, claro está, pues al principio todos podemos estar un poco nerviosos. El cuerpo nos puede distraer muchísimo. Sientes un picor en alguna parte, tal vez se te duerma una pierna o mientras ajustas tu postura la ropa te tira de algún sitio. Antes de empezar a meditar, asegúrate de que la ropa no te estorbe en ningún sentido.

3. Empieza con una intención

La intención o el propósito son fundamentales en todo empeño, y tus meditaciones lo son. Junta las manos en *Anjali* mudra (o posición de rezo) y dite a ti mismo(a) cuál es tu intención. Elige algo que te importe. Puede ser algo sencillo y básico o más complejo. Cualquier cosa que te interese. Estos son algunos ejemplos de intenciones:

> *Soy paz. Soy amor.*
> *Estoy presente en este momento.*
> *Estoy tranquilo(a) y concentrado(a).*
> *Soy el verdadero Ser.*
> *Espíritu, tú y yo somos Uno. Ayúdame a sentir nuestra conexión.*
> *Dios, ayúdame a despertar tu amor que hay en mi corazón. Y para que pueda despertar tu amor en todos los corazones que encuentre.*

Ejercicio preliminar de respiración, por Paramahansa Yogananda[2]

Cuando estés en la posición de meditación que acabamos de explicar, lo siguiente que debes hacer para prepararte para meditar es liberar los pulmones del dióxido de carbono acumulado, que provoca desasosiego.

Expulsa el aire por la boca con una doble exhalación: «huh, huhhh» (este sonido procede exclusivamente de la respiración, no de la voz).

Después inhala profundamente por la nariz y tensa todo el cuerpo contando hasta seis.

Expulsa el aire por la boca con una doble exhalación: «huh, huhhh» y relaja la tensión.

Repítelo tres veces.

4. Respira y fíjate en los intervalos

De los ejercicios anteriores que hemos practicado puedes deducir cómo vamos construyendo nuestra base. Después de hacer el ejercicio de respiración, dedica cierto tiempo a simplemente observar cómo respiras sentado(a) tranquilamente. Lo ideal es dedicarle entre cinco y diez minutos, porque estás empezando con tu práctica. Los que siguen son algunos recordatorios de esta técnica: como decía en el capítulo cuatro, presta atención a los intervalos, los espacios *intermedios* entre las inhalaciones y las exhalaciones, en los que tu respiración hace una pausa natural. A medida que vayas fijándote en tu respiración, esta empezará a ralentizarse de forma natural y las pausas entre las inhalaciones y las exhalaciones comenzarán a alargarse. No intentes forzar la respiración para que se ajuste a un determinado patrón o ritmo. Limítate a observarla tranquilamente.

5. Termina dando gracias

Cuando hayas terminado la práctica, junta las palmas de las manos en posición de oración delante del corazón. Dedica un momento a agradecer la respiración y la práctica, y cualquier otra cosa que de forma espontánea te salga del corazón. También puedes decir una oración si lo crees más conveniente.

En los siguientes apartados continuaremos construyendo sobre la práctica. En este sentido, Yogananda era comprensivo: dedica un determinado tiempo a la meditación todos los días, de modo que puedas sintonizar con tu verdadero Ser. La regularidad es la clave. Haz que forme parte de tu vida y parte de tu día.

Algunas notas prácticas más

1. Pon el teléfono móvil en modo avión para evitar distracciones.

2. Procura hacer siempre la práctica de meditación con el estómago vacío.

3. Intenta reservar al menos diez minutos para tu práctica de la mañana. Lo ideal es que sea lo primero que hagas antes de tomar el teléfono, comer o hacer alguna llamada. Obviamente, dedica todo el tiempo posible a tu práctica. Si tienes tiempo, sigue meditando.

4. Trata asimismo de hacer tu práctica de la noche si es posible, durante al menos diez minutos, antes de cenar o de acostarte. Como señalaba antes, si puedes alarga la práctica.

5. No te desanimes si mientras meditas se te vienen a la cabeza mil ideas y pensamientos. Cuanto más practiques, más empezará tu mente a ralentizarse y las pausas entre los pensamientos se alargarán. Controlar la mente requiere práctica. Piensa en las veces que se la ha dejado vagar por donde se le antojara. Es como un caballo salvaje al que hay que domar. Ten paciencia y sigue devolviendo la mente al punto central, concentrándote para ello en tu respiración cada vez que se descontrole (que al principio pueden ser muchas).

SEGUNDA PARTE

Capítulo 8

ERES PAZ

Retírate al centro de tu ser, que es la serenidad.

—**Paramahansa Yogananda**[1]

EN EL TORNADO DE LA VIDA

A veces siento como si tuviera la misma capacidad de atención que mi hijo de cinco años, corriendo de un lado a otro, desordenando todo a su paso, para luego tener que ordenarlo. Puede ser dejar a mitad un correo electrónico para levantarme a limpiar el batido de frutas que ha derramado mi hijo Emerson y después oír que Moses, el bebé, está llorando. En estos momentos es cuando empieza «el baile de mami», como yo lo llamo. En medio de todo esto, tal vez recuerde que he de mandar un mensaje a alguien de mi equipo para que se ponga en contacto con una persona importante que podría participar en nuestro blog, y que se me acaba de ocurrir en este momento. Cuando me siento de nuevo delante del ordenador, he olvidado por completo lo que intentaba decir en ese correo que dejé a medias.

De modo que muchos vivimos en un ajetreo y un caos permanentes, y en el interior somos un manojo de energías impacientes.

Estas reacciones a nuestras responsabilidades nos hacen la vida mucho más dura. Sé que cuando estoy excesivamente estresada, no se me ocurre ningún argumento sobre nada. Imagino que mi estrés necesita ir a algún sitio, así que a veces lo proyecto en personas inocentes, que, desgraciadamente, están entre las que más quiero. Luego me siento culpable y dedico mucha energía emocional a arreglar la situación que provoco. En este sentido, aunque con los años he ido mejorando, hay veces en que mi desorden interior se manifiesta como un desorden exterior.

Sin embargo, todos llevamos dentro de nosotros la capacidad de calmarnos y guardar la compostura. Yogananda lo llamaba «serenidad» y nos enseñó mucho sobre la importancia de mantener un sistema nervioso sano y estable, que es el puente que une nuestros cuerpos con el mundo exterior que nos rodea.

Nuestro sistema nervioso tiene que ocuparse de muchas cosas, entre ellas regular el sistema endocrino, que nos controla las hormonas. También tiene la importante tarea de mantener la homeostasis, o equilibrio, de nuestro cuerpo. Nuestro cuerpo y nuestra mente han sido construidos para resistir los repentinos vaivenes de nuestra salud y del entorno exterior, pero siempre intentan recuperar un estado de paz. Esta es la razón de que media hora después de correr la maratón (o seis minutos, si estás en excelente forma, como mi amigo triatleta Brendan Brazier), el corazón del corredor recupere un ritmo constante, pese a que hace muy poco estuvo latiendo a cien por hora.

Hoy, miles de estudios documentan sin posible discusión los efectos adversos del estrés para nuestro cuerpo. Estos efectos pueden ser tan diversos como alterar el ritmo cardíaco y la capacidad de digerir bien lo que comemos o desencadenar factores que contribuyen a que enfermemos y suframos problemas patológicos.[2] Además, el estrés también puede deteriorar nuestra salud mental, provocando cuadros de depresión y ansiedad.[3] No es de extrañar que los investigadores reconozcan que actualmente el estrés es la enfermedad que más muertes provoca.[4]

Yogananda utiliza como ejemplo un lago en calma. Es un espejo en el que se refleja su entorno. Pero si lanzas una piedra a este lago completamente calmo, toda la superficie ondea, y el reflejo puro de la luna se distorsiona y deja de verse. Ahora el espejo parece miles de trozos de algún cristal roto.

Para Yogananda, la luna simboliza la mayor fuerza del verdadero *Ser*. Cuando está calmado sobre ese lago, símbolo de tu mente, tu verdadero *Ser* puede brillar con claridad y sin distorsiones. Tus propias emociones no agitan las aguas de ese lago, por lo que puedes seguir siendo capaz de ver cualquier cosa más allá del pequeño drama que tengas justo delante de ti. Cuando dejas que todo se pose y calme, puedes sintonizar con los mensajes sutiles y las ideas intuitivas que caen en tu mente y tu corazón.

¿Has tenido alguna vez la sensación de que se te acaba de «dar» una idea? Yo lo llamo una descarga. Se produce con progresiva frecuencia cuando cultivas tu paz interior mediante la práctica de la meditación. Cuando estás centrado, dice Yogananda, «la serenidad es la voz de Dios que te habla a través de la radio de tu alma».[5] Lo opuesto se produce cuando la vida es un desorden caótico. Eres incapaz de percibir la mayor parte de lo que recibes, y si no puedes interpretar las señales que la vida te envía ni los mensajes que tu cuerpo te está lanzando, tienes más probabilidades de cometer errores que te afecten, te frenen y hagan que te pierdas magníficas oportunidades o tomes decisiones equivocadas. Para conseguir tu mejor vida, ¿sabes?, tienes que salirte del camino por donde vayas y dejar de bloquearte a ti mismo. Y para ello has de desarrollar la serenidad o paz interior.

Beneficios de la paz interior que te cambian la vida

- Conservar tu energía vital en lugar de agotarla y envejecer más deprisa.
- Acceder a más ideas geniales basadas en la intuición.
- Responder en lugar de reaccionar (para después lamentarlo).
- Sentirte centrado(a) mientras vas pasando el día.
- Eliminar la confusión y generar claridad en tus decisiones cotidianas.
- Cambiar tu vida con mayor rapidez y eficacia.
- Acceder a tu auténtico poder.

Imagina la calma como si fuera el punto central de la rueda de un coche. Ahí está toda esa energía dando vueltas alrededor del neumático y diseminándose cuando el coche está en marcha. Pero cuando te alejas del exterior de la rueda, que te fascina, y empiezas a gravitar hacia el centro, avanzas hacia un punto tranquilo y silencioso. Es posible que el mundo se mueva a una velocidad de vértigo, pero en tu interior hay un punto de gran fuerza , y es de dentro desde donde se puede acceder de forma milagrosa a ese verdadero *Ser*.

UNA FORMA DISTINTA DE TOMAR DECISIONES

Cuando vivas desde tu centro, empezarás a tomar tus decisiones desde un punto completamente distinto. En lugar de centrarte en información exterior, que puede ser contradictoria y confusa, encuentras un lugar de claridad interior. Desde este lugar de paz, cultivarás la paz necesaria que te convertirá en experto en la toma de decisiones, porque aprovecharás tu punto de poder, es decir, tu verdadero *Ser*.

Uno de los aspectos más evidentes de mi vida en los que me he beneficiado de la paz interior han sido las relaciones personales. No tenía el mejor registro en lo que a relaciones románticas se refiere. Tenía muchas dudas sobre esas relaciones y me sentía confusa, siempre preguntándome si estaba con la persona adecuada. Algunas veces, inicié relaciones con reticencia, optando por alguien seguro y maravilloso pero que fuera algo más que un amigo o pensando que podría «arreglar» a alguien para que fuera el compañero ideal. ¡Una mala idea!

Luego conocí a Jon, mi marido, en un momento en que me sentía en paz conmigo misma. Jon era diferente de cualquiera con quien hubiera salido (es una especie de cruce entre un osito de peluche y un luchador de artes marciales mixtas). Ahora bien, de no haber estado en paz conmigo misma, es posible que me hubiera perdido en las apariencias y las actividades exteriores. Y nunca nos habríamos juntado. Debo decir que Jon lleva el cuerpo completamente cubierto de tatuajes, desde el cuello hasta los pies, y yo no llevo ninguno. Le van la halterofilia, las motos, las artes marciales mixtas y, cuando nos conocimos, las costillas de cerdo asadas en su parrilla... e incluso lucir una parrilla de oro entre los dientes. A mí no me gusta ninguna de sus aficiones. De hecho, Jon no tiene nada que pudiera estar más alejado de la clase de hombre con el que imaginaba que me iba a casar, al menos basándome en las cosas externas en las que nos solemos fijar cuando tomamos decisiones.

Pero dejé de lado todo esto como algo superficial. Sin duda en el pasado seguí criterios externos cuando debía tomar alguna decisión y, ¿sabes qué? Cometía muchos errores. Cuando conocí a Jon en una fiesta con cena informal en Venice Beach, yo estaba completamente ausente. Después de estar hablando unos escasos minutos, pude contactar bien con su energía interior, con su gran corazón. Desde mi corazón, mi centro, encontré una conexión sólida y profunda. Algo que nadie podría ver con los ojos, incluso era posible que la gente se echara las manos a la cabeza al vernos juntos, al menos al principio. Pero desde la serenidad de mi centro, mi profundo conocimiento interior me dijo que ese hombre era MI hombre. Esa convicción —mi verdadero *Ser*— sabía lo que hacía.

Estoy convencida de que has sentido esta seguridad en algún momento de tu vida. Recuerda alguna vez que tomaras una decisión desde un punto exento de serenidad. ¿Cómo te fue? En cambio, recuerda alguna vez en que tomaras una decisión estando realmente sereno y sintiéndote centrado. ¿Cómo te fue en comparación con la decisión anterior?

Práctica de la paz ahora

En este caos de la vida diaria, ¿a dónde se supone que has de ir para tranquilizarte? A tu interior y a tu respiración. En cualquier momento, te puedes retirar (temporalmente) de tu ruidoso y frenético mundo exterior y centrarte en tu interior. Tienes fuerza suficiente para ser tu santuario sin necesidad de nadie ni nada externo a ti. Es como el submarinismo. Cuando saltas de la barca con tu equipo, el chaleco inflado te mantiene a flote, en ese momento el agua puede estar muy agitada. Cuando desinflas el chaleco, dejas la superficie y te vas hundiendo en el agua, y a medida que vas bajando lentamente, todo empieza a calmarse.

Es posible que no puedas dejar el trabajo o a tus hijos para una práctica de meditación completa durante el día, pero puedes dedicar un minuto a la Práctica de la Paz Ahora. Si estás en público, puedes excusarte para ir al lavabo o al coche y hacerla allí. Como mejor te venga. No se puede subestimar el poder benéfico que la paz interior proporciona a tu cuerpo y tu mente.

Tu respiración es como el ancla de la serenidad que siempre va contigo. Yogananda enseña que la respiración nos ayuda a trascender de las sensaciones del cuerpo y a calmar los pensamientos inquietos. Una vez más, incluso en medio del caos. De modo que puedes practicarlo en cualquier momento: cuando tu pareja te pone nervioso(a), cuando estás preocupado(a) por las facturas o después de estar absorto(a) en un bucle de noticias interminable.

1. Busca un lugar tranquilo y privado (aunque sea el lavabo, donde puedas cerrar la puerta entre sesenta y noventa segundos). Un lugar donde te puedas sentar, pero si no tienes más remedio que estar de pie, quédate así.
2. Cierra los ojos y coloca una mano en el vientre y la otra en el corazón. Dedica el primer momento simplemente a prepararte. Observa si el corazón te late más deprisa de lo habitual, si el aire que respiras solo te llega a la parte superior del pecho. Cualquier cosa que observes en tu cuerpo, limítate a tomar nota, sin juzgarla.
3. Ahora coloca las dos manos en el vientre. Imagina que este es un gran globo. Mientras cuentas hasta seis, intenta «inflarlo» respirando de modo que el aire te llegue hasta el centro del vientre. Si lo haces bien, las manos deberían elevarse.
4. Exhala contando hasta seis; el vientre debería desinflarse como el globo cuando se deja que el aire salga.
5. Repite este ejercicio al menos seis veces o, si tienes tiempo, más.
6. Cuando termines, pon ambas manos en el corazón y afirma: «Ahora estoy en paz». Pasa a tu interior y siente cómo la fuerza de la paz te inunda. Quédate así cuanto puedas, al menos unos minutos.
7. Como siempre, termina juntando las palmas de las manos en posición de oración, o *Anjali* mudra, y dedica un momento al

agradecimiento, dando gracias en general o por algo específico que se te ocurra.

SUPERAR LA NERVIOSIDAD

Dice Yogananda: «La nerviosidad es la enfermedad de la civiliza-
ción». Y lo dijo varias décadas antes de la actual epidemia de ansiedad de la sociedad moderna. Es muy agotador sobrecargar los
nervios constantemente reaccionando a los estímulos del mundo exterior en todo momento y todos los días, de un mundo que
es ruidoso, errático, insensato y ansioso de atraer tu atención. Si
prestas excesiva atención al siempre cambiante mundo exterior,
también tú estarás inquieto y en perpetuo cambio. Te conviertes
en el lago al que lanzamos esas piedras, un día sí y el otro también.

Tu sistema nervioso simpático empieza a funcionar a toda máquina, apuntando a tus glándulas suprarrenales, pasa al modo «lucha o huida», y segrega hormonas del estrés como el cortisol. El
cuerpo se te desequilibra e inflama aún más, porque este no debería ser tu estado normal de descanso. La inquietud, la confusión y
la intranquilidad campan a sus anchas. Todas ellas son señales de
que te estás desviando definitivamente del camino que lleva a la
iluminación.

En cambio, cuando estás tranquilo, tu energía puede regresar a tu sistema nervioso central, en tu columna vertebral. Como
si de un circuito eléctrico se tratara, cuando la recoges de nuevo,
tu energía no merma ni se gasta. Al contrario, adquiere mayor
potencia. Y esa energía se puede usar para concebir nuevas ideas
y soluciones positivas. Pasamos a ser quienes orientamos nuestra
propia energía, que con todo cuidado dirigimos en la dirección
correcta. Cuanto más nos sintamos en paz, menos nerviosos nos
pondremos, ocurra lo que ocurra fuera de nosotros —sea positivo

o negativo–, y la actividad exagerada de nuestra mente comenzará a amainar.

El centro de cualquier cosa es donde mayor estabilidad hay. Es un punto de fuerza concentrada, un lugar de fortaleza. Allí es donde reside la potencialidad pura y, por ello, donde todo es posible.

Al igual que el sol, que emite su potente luz y su calor en todas direcciones, la presencia y la energía del verdadero *Ser* surgen de tu centro sosegado.

Sé como el sol. No dejes de brillar.

Consejos prácticos para acceder a la paz en tu vida

1. **En primer lugar pon todo tu empeño en ser más tranquilo(a).**
   Puede parecer elemental, pero todo está en el propósito. Primero debes decidir claramente lo que desees construir en tu vida. Para encontrar tu centro, como dice Yogananda: «Decide no perder la calma ocurra lo que ocurra». No te preocupes, eso de «ocurra lo que ocurra» es un trabajo en curso para todos porque, si quieres que te diga la verdad, hay muchas cosas que aún hacen que no me sienta tranquila, ni mucho menos (ya sabes, los niños que se ponen a chillar a las cuatro de la madrugada, un virus que te borra todos los correos…), pero, pese a todo, observo que voy progresando. Y lo importante es comprometerse a llevar a cabo lo que te hayas propuesto. Ahora mismo, decide estar tan tranquilo(a) como te sea posible. Si quieres puedes emplear la frase «mantén la calma» como mantra que vas a repetir a lo largo del día.

2. **Permanece en el centro y entregado(a) a lo que te hayas propuesto.** Desde un punto de vista espiritual, confiar significa que si ahora, en este preciso momento, haces cuanto puedes,

tu vida discurrirá como te hayas propuesto. Buda nos enseñó que la única forma «de que no te embistan el pasado ni el futuro» es estar presente con plena conciencia en todo momento de tu vida, sin apego alguno a las consecuencias de tus actos. La vida no deja de cambiar, pero si sabes aparecer en el ahora para simplemente estar, te sentirás feliz pase lo que pase. De esta forma, la confianza te ayuda a depender menos de que las cosas deban ser de una determinada forma. Así pues, mantente presente, porque ahí están las raíces de tu poder.

3. **Observa la fuerza que sientes cuando estás tranquilo(a) y en tu centro.** A veces nos pasamos el día yendo y viniendo de donde sea sin darnos cuenta de lo que sentimos. Hoy, presta atención a tu cuerpo y cómo se siente a lo largo del día. Tal vez el tráfico hace que se te acelere el corazón o notas un tirón en los hombros antes de la videoconferencia programada con tu jefe. Presta atención. No tienes que escribir nada, simplemente observa. Es como ser más consciente de que determinados alimentos te sientan mejor que otros. Además, observa cómo se siente tu cuerpo cuando estás mentalmente sereno(a). En este caso, tu objetivo es adquirir mayor conciencia de tus estados de ánimo a medida que avanza el día.

4. **Sé amable cuando hables.** Dice Yogananda: «Otra importante causa del nerviosismo es el habla desagradable. Nunca chismorrees ni hables en contra de los demás».[6] Cuanto más te involucres en el teatro de la vida cotidiana, más te olvidarás de poner el foco en tu centro.

Así pues, preocúpate menos de lo que las otras personas hagan y dedica a esas actividades menos atención. Cuando te centras en ello, lo único que consigues es que se te lleve parte de tu energía. Es otra forma de distraer tu atención y mermar tu fuerza. Elimina conscientemente de tu vida las revistas del corazón, las webs de noticias desagradables y las conversaciones negativas, y observa cómo empiezas a sentirte con mayor claridad. La amabilidad es una hermosa cualidad que te ayudará a centrarte.

5. **Agrupa el tiempo que dedicas a los medios de comunicación y redes sociales en unas determinadas horas.** Podría ser, por ejemplo, de ocho a ocho y media de la mañana, de doce a doce y media del mediodía, y de seis a siete de la tarde. De ti depende. Decide las horas que vas a conectarte y explorar. El resto del tiempo, prescinde de esos medios. De esta manera, tienes espacio para regresar a tu centro durante el día en lugar de estar continuamente pendiente de diferentes alarmas que te interrumpen para mostrarte qué pasa con la vida de los demás. Conectar con la comunidad es fantástico, pero lo puedes hacer de forma más deliberada que te permita saber qué está pasando fuera cuando lo necesites, pero sin por ello perder la tranquilidad y la concentración interiores.

6. **Programa menos para tener más tiempo de descanso.** Programar detalladamente cada día de modo que no paremos de correr de una cosa a la siguiente *no* conduce a la tranquilidad. Genera ansiedad. Paradójicamente, serás más productivo(a) si frenas un poco, porque puedes poner mayor parte de tu energía en las cosa que haces si las haces de una en una, dejando espacios vacíos para volver a centrarte.

    Todos hemos tenido esta experiencia o algo similar: vas a llegar tarde a un reunión, y buscas las llaves del coche. Comienzas a agobiarte y empiezas a buscar en la cocina, el comedor, el dormitorio. No las encuentras. El agobio va en aumento y vuelves a buscar otra vez en los mismos sitios porque tal vez se te olvidó mirar en algún rincón.

Al final, te detienes, respiras profundamente y te susurras una breve oración: «Por favor, ayúdame a encontrar estas dichosas llaves, o voy a explotar». Algo apunta en tu interior que tienes las llaves en el bolsillo. Y ahí están. Resulta que un poco de tranquilidad en medio de tanto agobio fue lo que hizo que encontraras lo que andabas buscando.

Capítulo 9

ERES AUTOCONFIANZA

No tienes que adquirir nada: ya lo tienes. El oro del alma
está ahí, dentro de ti, cubierto por el barro del engaño.
Todo lo que tienes que hacer es quitar ese barro.

—PARAMAHANSA YOGANANDA[1]

La confianza es una cualidad radiante. La puedes ver desde muy lejos. Te atrae. Las personas seguras de sí mismas llaman la atención. No puedes evitar mirarlas y observar cómo van andando como una gran bombilla encendida. Pero si te fijas detenidamente, verás que en realidad hay dos tipos de confianza. Y sin duda son muy diferentes. Una empieza a desmoronarse muy deprisa cuando ves lo que realmente hay detrás de ella. Y el otro tipo de confianza, aunque escasea mucho más en nuestro mundo, en realidad va ganando espectacularidad cuanto más te acercas a ella, lo cual es una señal inequívoca de que es verdadera.

Sé que probablemente quieres sentirte seguro de ti mismo de forma duradera, de modo que no se pueda desinflar ni estropear, como es posible que te haya ocurrido en el pasado. No te preocupes, porque vamos a ir más allá de ese tipo endeble de seguridad en ti mismo para centrarnos en la confianza auténtica, que es el objetivo de este capítulo.

LA FALSA AUTOCONFIANZA

Veamos, en primer lugar, la confianza superficial. Este tipo de seguridad hunde sus raíces en el materialismo: el dinero, el estatus, cosas materiales (como casas, barcos, coches y alhajas), una hermosa superioridad que se refleja en la cara, el cuerpo e incluso la inteligencia. Como ya he mencionado anteriormente, las cosas materiales no tienen por qué ser malas. Es indudable que los objetos materiales nos dan cierta sensación de seguridad. Estoy hablando del exceso de confianza en lo material o, dicho de otro modo, de poner *toda* la autoconfianza en lo material. Puedes observar la confianza superficial en el empresario acaudalado que va del brazo de la pareja de la semana, con su llamativo reloj digital en la muñeca. O en la arrogante media sonrisa de una mujer escasamente vestida con un cuerpo espléndido. O en la altivez engreída de ese joven empresario del mundo de la tecnología que se hizo con unos cientos de millones de dólares poco después de dejar los estudios. Poseer o ser cualquiera de esas cosas brillantes no tiene nada de malo, pero ocurre con frecuencia que este tipo de seguridad enmascara una profunda inseguridad.

Todo lo que puedas ver o sostener físicamente o cuantificar va a cambiar debido a su propia naturaleza. Es algo limitado y, por consiguiente, también lo es su capacidad para hacer que te sientas seguro. Y, además, con lo que te identifiques de forma superficial en realidad es una función del ego. **Dice Yogananda: «El alma es el verdadero *Ser*, la manifestación pura del Espíritu que habita dentro de ti. El ego es el pseudoyo, el alma que responde al mundo de la dualidad durante un estado de identificación con los limitados instrumentos del cuerpo físico y la mente».**[2]

Cuando nos identificamos con el ego, siempre nos encontraremos con limitaciones. De ahí que ese engreído hombre de negocios pueda percibir que su autoconfianza se viene abajo cuando sus inversiones empeoran o el mercado cambia. Si la seguridad en sí misma de una mujer hermosa deriva exclusivamente de su aspecto físico, sentirá que su confianza desaparece a medida que vaya engordando y envejeciendo. Aquel joven emprendedor pierde de golpe la confianza en sí mismo si la tecnología de otra empresa supera la de la suya y el valor de sus acciones se desploma.

Incluso la capacidad y la inteligencia, atributos de la mente, no pueden ser la verdadera fuente de la confianza en nosotros mismos. *Siempre* podemos encontrar personas que nos superan si aplicamos mediciones externas: el dinero, la facturación, los seguidores de las redes sociales, los títulos universitarios, la cantidad de estudios publicados o los cargos desempeñados, por mencionar algunas.

Si intentas tener confianza en ti mismo a partir del ego, nunca la vas a sentir de verdad. Te sentirás inseguro. Y la inseguridad lleva al sufrimiento. Y nadie quiere sufrir. Nadie.

LA AUTÉNTICA AUTOCONFIANZA

La verdadera confianza es consecuencia de identificarse con el verdadero *Ser*. Su poder no procede del mundo exterior. Es indudable que podemos, y debemos, trabajar para mejorar nuestra imagen física, nuestra situación económica o nuestras habilidades. Hacer tales cosas es algo natural, porque —seamos sinceros— podemos hablar cuanto queramos de la espiritualidad y de nuestra alma, pero también tenemos un cuerpo físico con el que hemos de batallar todos los días. *Pero es posible establecer contigo mismo un contacto mucho más profundo, dejar de identificarte solo con las cosas externas*. Si así lo hacemos, en nuestra vida empieza a emerger la auténtica libertad en forma de autoconfianza.

La «materialización», que es otra forma de llamar a la «realización» o la «integración», es un atributo de la verdadera confianza en uno mismo. Pero puede ser un concepto de algo que se supone que se ocupa de que lo abstracto se concretice. Sin embargo, materializar realmente significa que das forma a todas las grandes cosas de tu interior, esas cosas que a menudo están ocultas por toda clase de basura, trastos, viejas heridas, malentendidos y penas que hayas estado llevando en tu interior.

Estas cosas extrañas a veces adquieren la forma de cháchara mental, que te engaña para que te restes valor, y a veces de «manera positiva». Con ello quiero decir que puedes colgarte la etiqueta de presidente, de estrella de YouTube, de una incansable madre de cuatro hijos. Y es posible que estas cosas formen parte de ti, pero eres más que un ejecutivo, un experto en redes sociales o una mamá (por magníficas que sean estas imágenes públicas). Tú estás más allá de todas estas etiquetas porque eres el verdadero *Ser*. Eres lo sagrado en acción.

Evidentemente debes asumir este derecho de nacimiento, que es lo que en esencia significa la materialización. En algún punto del camino, sufrimos cierto tipo de amnesia y nos olvidamos de que somos realmente especiales. En su lugar, empezamos a actuar como mendigos o niños mimados, como el feo del baile o como charlatanes. Hemos olvidado —o tal vez nunca nos lo enseñaron de verdad debido a las circunstancias de las personas de nuestra vida— que somos algo verdaderamente impresionante.

La materialización significa que te percatas de que todas las situaciones cuentan, haya o no haya alguien que las contemple. A medida que te vas materializando, deja de haber división alguna entre quien eres en el mundo exterior y la integridad de realmente serlo. Vivir desde la realidad del verdadero *Ser* elimina la intensa inseguridad que rodea al llamado síndrome del impostor, que supone preocuparte por que «se descubra» que no eres quien dices que eres. Aunque la mayoría de la gente pueda pensar que eres una persona de éxito, extraordinaria, o cualquier otra cosa que proyectes, en el fondo sabes que no lo vives plenamente en la vida cotidiana.

Si mientras vas leyendo estas líneas, te dices: «Bueno, ¡pero si este soy yo!», no hay problema. Estás aquí por una razón. Estás preparado para trascender de lo que proyectas. Listo para vivir tu propia vida, primero con la decisión de ser la persona que quieres ser y después acortando la distancia que te separa de eso. Para ello te comprometes a la práctica de la meditación y a hacer el trabajo que te corresponde mediante los ejercicios de este libro. Puedes olvidarte de cualquier simulación. Lo único que has de hacer es empezar a vivirlo ahora.

Una vez que esa brecha entre tus ideas, la verdad, las palabras y las acciones se cierre, te materializas y adquieres la debida confianza en ti mismo. Una señal clara de esto, que siempre va de la mano de la auténtica seguridad en ti mismo, es mostrarte humilde y amable. Todo lo demás de esa estúpida conducta, incluidos el esnobismo, el sarcasmo y la teatralidad, no era sino el ego herido que disfrutaba de su día libre al sol, simulando confianza bajo un velo de grandes dudas sobre sí mismo. Por otro lado, ser humilde da una imagen atractiva y de una fuerza extraordinaria. Como dice el antiguo proverbio: los primeros serán los últimos, y los últimos los primeros. Al acoger la humildad desbloqueas tu herencia sagrada.

Cuando conectas con el verdadero *Ser* que llevas dentro de ti, se acaba con el desesperado intento de aferrarte a la confianza superficial. Sabes que eres tú quien proyecta la luz y que esta procede exclusivamente de ti. La necesidad de compararte con los demás empieza a perder interés, como ese viejo juego de mesa que ahora te aburre. Cuando conectes plenamente con tu yo real, la verdadera confianza en ti mismo empezará a echar raíces. Esto aporta a tu vida una energía asentada y estabilizadora que fortalece todo lo que haces.

Ya no tendrás que preguntarte si eres lo bueno que debes ser ni ir ojeando entre los presentes para ver si formas parte de ese evento o estás invitado a esa fiesta. Yogananda nos apremia en este sentido: «Llevarse bien con uno mismo es lo más importante para entenderse con este mundo. Por tanto, primero y ante todo, has de aprender a apreciarte y quererte de verdad».[3]

LA VERDAD EMERGE

No importa el dinero que tengas o dejes de tener en el banco, ni si aún no te has casado cuando todos tus amigos ya tienen tres hijos, ni si alguna vez te has sentido completamente seguro de ti mismo, porque ahora sabes que puedes acceder a la verdadera confianza sin que tengas que cambiar nada que esté fuera de ti. Y, por favor te lo ruego, no te centres primero en lo exterior.

¿Por qué no? Porque lo exterior cambiará para ajustarse a tu nueva energía interior y la consiguiente forma de moverte por el mundo con confianza y fortaleza. El cambio exterior siempre parte de un trabajo interior. Cuando dejas de perseguir una falsa seguridad en ti mismo, se liberan fuerzas y energías dinámicas. **Tu mundo exterior cambiará para encajar en tu mundo interior, y cuando empiece a hacerlo sentirás que te aporta una fuerza extraordinaria.**

Cuando regresé a casa de mi largo viaje de mochilera, solía sentarme al borde de mi cama plegable en mi diminuto apartamento de Nueva York, para estudiar, meditar y aplicar lo que Yogananda me estaba enseñando. Al cabo de muy poco tiempo, comencé a ver en sus enseñanzas unos patrones que conducían a una explosión de creatividad y energía dentro de mí. Empecé a situar mi identidad en algo diferente, algo mucho mayor que mi pequeño yo con quien me había identificado hasta ese momento. Toda mi energía cambió e irradió un sentimiento de autoconfianza. Comenzaron a producirse manifestaciones. El dinero empezó a aparecer cuando me hacía falta. Conocí a personas que necesitaba conocer, lo cual me abrió nuevas oportunidades. Después empecé a escribir libros, que me llevaron a participar en programas de la televisión nacional.

Esto mismo te puede pasar a ti si te identificas con la luz de tu interior: casos que parecían imposibles comienzan a materializarse como una realidad. Se te irán abriendo cosas que parecían bloqueadas. Después llegarás a reconocer como verdad de tu vida la sabiduría de Yogananda: «Todo ser humano es un representante del Poder Infinito».[4]

Cuando Yogananda llegó a Estados Unidos en la década de 1920, cubría su piel oscura con prendas tradicionales indias. Como puedes imaginar, se encontró con todo tipo de prejuicios de partes de la población que nunca habían visto a alguien como él. También sufrió la reacción violenta de quienes se sentían amenazados por sus ideas sobre la unicidad y la verdad universal. Pero, a pesar de la resistencia con que se encontró externamente, siempre se mantuvo sereno y seguro de su mensaje. Yogananda sabía quién era realmente: una creación exclusiva del espíritu, como todos nosotros. En su conexión innata con la Fuente estaba el origen de la confianza en sí mismo. Se trata de un estado de convencimiento al que todos podemos aspirar, un espacio de sólido conocimiento, de creencia inamovible en quienes realmente somos. Todos poseemos la capacidad de aprovechar esta parte del verdadero *Ser* que aporta seguridad y fortaleza. Nadie nos puede quitar esta confianza ni «conseguirla» de nosotros. Es nuestro derecho de nacimiento.

Puedes empezar a cambiar hoy mismo. Es un paso importante no solo para ti sino también para quienes te rodean. Notarán tu mayor seguridad simplemente porque cada vez estarás más conectado contigo mismo, y no por algo exterior, y además, también tú puedes hablarles del verdadero *Ser*. Y es, sin duda, un magnífico servicio que les puedes ofrecer. Todos tenemos el derecho de nacimiento de mejorar inmensamente toda nuestra vida si llegamos a conocer y comprender realmente nuestra verdadera identidad.

Se dice que cuando Moisés preguntó a Dios por su nombre, el Todopoderoso respondió: «*Ham-Sah*» o «Yo soy el que soy». Una respuesta misteriosa, pero que encierra una gran verdad.

Cuando empieces a identificarte con el yo real, te darás cuenta de que no puedes expresar exactamente con palabras la esencia del «tú». Es una energía única que solo se puede sentir y experimentar desde tu interior. En el capítulo diecinueve, «Eres un creador», analizaremos cómo tu esencia única se canaliza en acciones y creaciones en el mundo físico, de modo que puedas aprovechar todo su potencial. Pero, de momento, date cuenta de que tu auténtica confianza debe proceder de *ser* tú mismo. Así de sencillo. No obstante, como sabemos, sencillo no significa fácil, de ahí que nuestra práctica nos ayude a hacer cosas sencillas de forma poderosa, hermosa, elegante y profunda.

De tu propia presencia surge tu condición de ser, como si de una estrella se tratara. No es algo que debas adquirir, como Yogananda nos enseña tan sabiamente en la cita que encabeza este capítulo. Está dentro de ti. Ya posees el oro que andas buscando. Y el oro eres tú. Simplemente eres tú. Y qué magnífico tú realmente eres.

La respiración en la práctica de la auténtica autoconfianza

Todos necesitamos recordatorios para conectar de nuevo con nuestro verdadero *Ser*. En especial cuando nos sentimos enojados, por ejemplo porque acaba de casarse el último amigo soltero, por un *post* en una red social de un lugar de retiro fantástico que no te puedes permitir o porque han ascendido a tu colega y no a ti. Puede ser todo un problema recordar que la seguridad en ti mismo ha de proceder de tu interior, particularmente en el mundo actual, donde la tecnología no deja de mostrarte los avances de los demás. Aunque sea fácil compararte, debes dejar de hacerlo. Sigue manteniendo la atención en ti.

Esta es una tarea que, indudablemente, puede ser difícil, por eso tienes a continuación un miniejercicio de respiración que te ayudará a estimular tu confianza cuando la necesites:

1. Siéntate en un lugar cómodo y tranquilo. Levanta y estira la columna vertebral como aprendiste en la práctica del capítulo siete.

2. A continuación, inhala y di en silencio «yo», y después exhala y di en silencio «soy». Aquí el mantra es «Yo Soy». Se trata de afirmar que tú simplemente eres tú. La seguridad que tienes en ti mismo(a) procede de lo que generas al inhalar y exhalar. Y punto. Fin de la historia.

3. Sigue durante un mínimo de entre ocho y diez ciclos de respiración. Continúa hasta que puedas sosegar los pensamientos invasivos; pasa la atención a tu interior y siente que estás centrado(a) de nuevo.

4. Después respira profundamente varias veces sin repetir el mantra. Cuando sientas que puedes terminar, hazlo dando gracias.

ESTÁS MÁS ALLÁ DE LA COMPARACIÓN

Hishtavut es una palabra hebrea que significa 'ecuanimidad', que, a su vez, significa 'igualdad' y constancia de ánimo', es decir, que no te afectan el elogio ni el desprecio. Cuando conectas con tu verdadera confianza, dejas realmente de preocuparte por lo que otras personas piensen sobre ti. Hablo de la libertad.

Si sabes en tu corazón que estás actuando guiado por tu verdad o, como dice la frase yogui, estás llevando a cabo «la acción correcta», entonces sabes lo que sabes, y la seguridad en ti mismo no sube y baja con el mundo exterior. **Eres lo que eres, y nadie puede quitártelo nunca.**

Compararte con cualquier otra persona está completamente fuera de lugar. Para empezar, significa que te estás identificando con tu ego. Es como intentar decidir qué es mejor: un roble, una secuoya roja o una secuoya gigante. Mientras escribo esto y observo por la ventana esos tres árboles de mi patio, veo que en la naturaleza no existen las comparaciones. Ningún árbol es mejor que otro.

En segundo lugar, la comparación te empuja hacia un peligroso mundo de dualidad. La dualidad es lo opuesto a la Unicidad. Dualidad es pensar que «tú y yo somos diferentes y estamos enfrentados». Es una energía que divide, de modo que pasas de sentirte conectado con los demás a establecer comparaciones para contrastar lo que te diferencia de ellos y, en última instancia, para sentir que compites con los demás y te enfrentas a ellos. En lugar de guiarte con armonía y orientarse con tu propia luz, tu energía empieza a centrarse más en lo que hacen fulano o mengano y cómo puedes superarlos y ser «mejor» que cualquiera de ellos.

Todo divide, y en última instancia no te vas a sentir seguro si practicas este juego. No hace sino que te sientas decepcionado y alejado de los hermanos y hermanas de tu alrededor. «Te defines por muy diferentes títulos aplicables a tu cuerpo y tus roles mortales [...] Debes quitarte estos títulos del alma», dice Yogananda.[5]

Esto no significa que tengamos que ser ingenuos y no reconocer la competitividad que rige el mundo actual, enfocado en premios y resultados. Es evidente que todo esto existe. Pero si te concentras en tus propias dotes y tu expresión única y el verdadero *Ser*, y te liberas de tu pequeñez y empiezas a adueñarte de la grandeza de tu interior, encontrarás tu propia forma de triunfar. Y lo puedes hacer sin que tengas que preocuparte demasiado por lo que hagan los demás. Limítate a concentrarte en tu camino. Es posible que otras personas de tu entorno sigan comparándose e identificándose utilizando mediciones externas, pero tú eres libre.

Cuando permaneces centrado, tu base es fuerte y sólida. Las tormentas no te pueden sacudir y el desengaño se entiende como lo que es: un contratiempo pasajero y también la oportunidad de intentar algo nuevo. La autoconfianza significa saber que tienes lo que necesitas. Y el hecho de tenerlo acaba por llevar a la victoria.

Formas prácticas de desarrollar la verdadera autoconfianza

1. **Empieza con periodos cortos.** Para muchos de nosotros, montar en el carro de la auténtica autoconfianza va a suponer recorrer un camino lleno de baches. Es difícil cambiar, y más difícil aún realizar un cambio que nos obligue a evaluar de nuevo y de forma exhaustiva quiénes creemos que somos y cómo reaccionamos ante la vida. Por lo tanto, empieza con pequeños cambios. Si quieres dar un giro de ciento ochenta grados, comienza cambiando de sentido solo un grado. Tal vez practicar afirmaciones positivas durante un par de minutos al día o entablar un diálogo positivo en tu mente durante cinco minutos al despertarte por la mañana o al acostarte por la noche. Después intenta sumar un minuto más a ese tiempo todos los

días. Puede parecer un tópico, pero avanzando poco a poco y de forma constante es como ganamos la carrera.

También puedes probar este experimento de reflexión: imagina que compraste un piano el año pasado y, desde entonces, no lo has tocado nunca en todo un año. Desde la perspectiva de aprender a tocar el piano, ha sido un año que de nada ha servido. Ahora imagina que practicaste diez minutos todos los días. Es posible que al finalizar el año no fueras un Mozart, pero habrías sumado 3.650 minutos de práctica, lo cual, por si te interesa, equivale a tocar el piano más de dos días completos (más de sesenta horas). Ahora imagina que te ocupas de tu autoconfianza interior diez minutos al día durante un año. ¿Qué crees que pasaría? Yo te lo digo: te irías acercando cada vez más a la increíble y genial vida de tus sueños.

2. **Haz de la meditación de la mañana la parte más importante de tu rutina de esas horas.** A medida que avances en tu práctica, no habrá necesidad de ningún recordatorio. ¿Por qué? Porque empezarás a ver una enorme diferencia entre los días que hagas la meditación y aquellos en que no la hagas. La meditación fijará el tono de todo el día. Te proporcionará la base de la auténtica confianza y te cambiará la forma de moverte por el mundo y de interactuar con los demás.

No te preocupes si te sientes inquieto mientras meditas, en especial en los inicios. Cuanto más sigas esforzándote, más te sorprenderá observar que tu vida empieza a cambiar. A veces, cuando estás demasiado cerca de algo, es difícil ver los pequeños cambios, por ejemplo cuando otras personas te dicen lo mucho que ha crecido tu hijo. Es posible que tú no lo hayas notado porque lo ves todos los días, y esas otras personas no. Recuerdo la primera vez que me di cuenta de que la práctica de la meditación me estaba cambiando. Fue bastante tiempo atrás, cuando aún vivía en Nueva York, y un día sencillamente observé que me sentía muy distinta. Más tranquila. Más centrada. Más contenta. No hay barómetro que mida los beneficios de la meditación, por supuesto. Pero cuando lo percibí, era innegable: me sentía mejor que hacía muchísimo tiempo. Y lo mismo te ocurrirá a ti. Entonces verás que la plena relación contigo mismo(a) y tu confianza comienzan a cambiar.

3. **Date cuenta de cuando te estés comparando.** Siempre que empieces a compararte con otra persona, dite a ti mismo: «Ahí estoy, comparándome otra vez. ¡Pues hoy no lo voy a hacer!». Oriéntate de nuevo hacia el centro; respira profundamente varias veces. Deja que afloren los sentimientos. No pasa nada. Las cosas simplemente aparecen y, con la misma facilidad, se desvanecen. Alégrate por los demás, recuérdate que el camino de cada uno se despliega a su modo y sé consciente de que también a ti te llegará lo bueno.

4. **Antes de participar en situaciones sociales, concéntrate en ti mismo(a).** Procura meditar y conectar con tu verdadero *Ser* antes de meterte en situaciones que te supongan un problema o que hagan que te desvíes de nuevo al modo de comparación. Pueden ser fiestas, eventos de tu empresa, conferencias o las redes sociales cotidianas. Sé consciente de cuándo eres más vulnerable y ocúpate de fortificarte con antelación. Antes de cualquier reunión social, recurre a «La respiración en la práctica de la auténtica autoconfianza», en la página 130.

Capítulo 10

PRÁCTICA: MEDITACIÓN, 2.ª PARTE - EL TERCER OJO

La llave del reino de los cielos está en el sutil centro de la conciencia trascendente, en el punto intermedio entre las dos cejas. Si centras tu atención en esta sede de la concentración, hallarás en tu interior una fortaleza y una ayuda espirituales enormes.

—PARAMAHANSA YOGANANDA[1]

LA IMPORTANCIA DE LOS MUDRAS

La palabra *mudra* hace referencia a una determinada posición de los dedos de las manos, y de otras partes del cuerpo, que se usa en la meditación y en las posturas o asanas de yoga para que se beneficie tu prana, tu fuerza o energía vital. Tal vez hayas visto determinadas esculturas y tallas en las salas de arte oriental de algún museo o templo, y te hayas preguntado por qué tenían las manos en una posición tan específica, elegante y hermosa. Ahora ya lo sabes. Se cree que los mudras te ayudan de modo especial a redirigir tu energía, alejándola de tus sentidos para que fluya hacia tu interior.

Uno de los secretos más poderosos del yoga tiene que ver con dónde y cómo pones los ojos durante la meditación. **Yogananda insiste en que, cuando medites, los ojos son de suma importancia para que te sea más fácil acceder a la sabiduría y la percepción superiores.** Si vamos a dedicar un determinado tiempo a hacer algo —en este caso, meditar—, queremos estar seguros de que hacemos cuanto podemos para aumentar los beneficios que buscamos. Y esos detalles concretos son importantes.

El mudra *Shambhavi* consiste en dirigir tu mirada interior hacia el centro y un poco por encima del punto intermedio de las cejas, un punto llamado «tercer ojo». El Shambhavi va unido al Shambhu, o una de las iteraciones del nombre de Shiva, Señor de los Yoguis, que también representa al Yo Supremo. Otro nombre de este punto es «el ojo de Shiva».

Se cree que la concentración en este punto también contribuye a la paz mental. Puede parecer un poco antinatural o incluso que requiera cierto esfuerzo hacer que los ojos miren hacia dentro en esa posición, pero con el tiempo se hace más fácil y parece actuar como una segunda naturaleza (obviamente, si tienes problemas con la vista, evita forzar excesivamente los ojos). Al final, se puede convertir en tu lugar de felicidad interior, al que ansías ir, y, cuando entres en este mudra, podrás ir profundizando progresivamente en la tranquilidad y la calma.

Después de trabajar un rato con esta técnica, me siento cada vez más consciente de mi tercer ojo. Es como si una corriente de energía interior me despertara ahora parte de mi conciencia. Y cuanto más conecto con el tercer ojo, menos cosas del mundo en general me molestan, porque es como si pudiera ver una imagen mucho mayor. Es como poder ver a través de la visión amplia de un dron, frente al diminuto marco de la cámara del teléfono móvil. A medida que avances en tu práctica, te sorprenderá, como me ocurrió a mí, que hay mucho más que ver de lo que jamás te percataste.

EL SEXTO CHAKRA

La palabra *chakra* significa más o menos 'rueda', y se refiere a los centros de energía de tu cuerpo. Hay siete chakras principales, situados a lo largo de la columna vertebral, que se corresponden con las energías emocional, espiritual y mental. Parten de la base de la columna, en tus raíces, o chakra *Muladhara*, y van subiendo hasta la coronilla, o chakra *Sahasrara*.

El punto focal que separa una ceja de la otra es tu sexto chakra, o tu chakra *Ajna*. Los yoguis creen que ahí se encuentra la sede de la intuición y del conocimiento superior. Y es aquí donde puedes ver mucho más allá de lo que te permiten tus ojos físicos.

Yogananda nos enseña que si nos limitamos a pensar que todo lo que hay es lo que podemos ver físicamente, seguimos engañándonos. Es como si miraras alrededor de donde te encuentras sentado en este momento y pensaras que no existe nada más allá de lo que abarca tu visión. Con esta mentalidad, seguiremos yendo por la vida pensando que somos unos seres limitados e insignificantes. Pero cuando empezamos a sintonizar con nuestro tercer ojo podemos ver muchísimo más allá del limitado mundo material de las personas y las cosas. Podemos comenzar a sintonizar con la energía y la interconexión de todas las cosas, el amor, la alegría y la paz profunda.

¿Qué más hay que podamos ver? Para mí, «ver» puede implicar adquirir mejor acceso a la información y la sabiduría intuitivas o saber más sobre ellas, lo cual se puede usar para tomar las decisiones acertadas y discernir los siguientes mejores pasos de tu vida. Te proporciona un grado de perspicacia muy superior. Es práctico a la vez que místico. Aunque sobre esta segunda parte, si estás abierto a ella, los yoguis también creen que, en la meditación avanzada, es posible ver las luces y los mundos que están más allá de este, por ejemplo en el reino astral.

En el versículo 6: 22 del Evangelio de san Mateo se dice: «La lámpara del cuerpo es el ojo; así que si tu ojo es sincero todo tu cuerpo estará lleno de luz». Algunos creen que Jesús fue a la India durante los años que nada se sabe de él, que aprendió yoga y que este pasaje es una referencia esotérica al tercer ojo.

No obstante, en el sistema de creencias yoguis, cuanto más te centras en tu tercer ojo, más puedes aumentar tus percepciones superiores. Cuando lo haces, puedes ampliar tu conexión con la alegría, el poder, la inteligencia y el amor de tu verdadero *Ser*, y conseguir que estas cualidades te sean más accesibles en tu vida cotidiana.

Yogananda enseñaba que no basta con leer sobre las auténticas verdades, sino que hay que experimentarlas. Así que vamos a empezar con el acceso a tu tercer ojo.

1. **Ponte en la posición adecuada donde te sientes a meditar.** Asegúrate de erguir y estirar la columna vertebral.
2. **Comienza con una intención.** Centra la mente y empieza la práctica.

3. **Haz el ejercicio preliminar de respiración de Paramahansa Yogananda[2] de tensar y relajar el cuerpo** (que se explica con detalle en el capítulo siete, página 105). Estos son algunos de los recordatorios más importantes de esta técnica: al inhalar y retener el aire, simultáneamente tensa todo el cuerpo y cuenta hasta seis. Después suelta el aire con una exhalación doble de «huh, huhhh», el sonido del aire al salir de tus pulmones. Al mismo tiempo, relaja toda la tensión de tu cuerpo. Repite el ejercicio tres veces.

4. **Haz el ejercicio de ampliar las pausas.** Lo ideal es que le dediques como mínimo entre cinco y diez minutos o más, porque te estás iniciando en la práctica (para más detalles, repasa el capítulo cuatro).

5. **Céntrate en tu tercer ojo.** Ahora, manteniendo la respiración lenta y constante, mientras los ojos están aún cerrados, eleva tu mirada interior a tu tercer ojo. Este punto está entre las dos cejas y un poco por encima de ellas, así que será como una mirada hacia arriba. Procura no tener que esforzarte, sino deja ahí tu mirada enfocada con suavidad y de modo constante.

6. **Añade un mantra al foco de tu tercer ojo.** Manteniendo la mirada interior elevada a tu tercer ojo, empieza a repetir una y otra vez el mantra simple y de una sola palabra: «Paz». Sigue respirando, mantén la mirada interior centrada ahí y continúa repitiendo: «Paz, paz, paz». Es posible que, al seguir concentrado(a) en tu tercer ojo, percibas que tu respiración empieza a ralentizarse, del mismo modo que el ritmo con que lo hace la repetición del mantra. Deja que lo sientas como un ritmo relajado. Si tu mirada baja, vuelve a levantarla con suavidad pero de forma constante hasta tu tercer ojo (en el capítulo dieciocho te

hablaré con mayor detalle sobre los mantras). Sigue con esta práctica al menos entre cinco y diez minutos.

7. **Termina dando gracias.** Una vez que hayas terminado la práctica, junta las palmas de las manos en *Anjali* mudra, o posición de oración, delante del corazón. Como siempre hacemos al concluir nuestras meditaciones, da gracias por tu respiración, por estas enseñanzas, por tu práctica y por cualquier otra cosa que de forma espontánea te salga del corazón. Si te apetece, también puedes decir una oración.

Nota: Lo ideal es que la práctica total de la meditación aumente hasta los veinte minutos en todos los casos y con la mayor frecuencia que puedas. Si al principio la tienes que limitar a diez minutos, haz los pasos 1 al 5 del capítulo siete (página 103), pero reduce más o menos a tres minutos la parte dedicada a ampliar las pausas, para que dispongas de más tiempo para conectar con tu tercer ojo.

Capítulo 11

ERES UN CUERPO INTUITIVO

La intuición es la guía del alma [...] El objetivo de la ciencia del yoga es sosegar la mente, que pueda oír, sin distorsión alguna, el consejo infalible de la Voz Interior.

—PARAMAHANSA YOGANANDA[1]

ESCUCHA TU CORAZÓN

Como adultos que somos, todos tenemos que tomar decisiones, de mayor o menor importancia, todos los días. Y seamos claros: la calidad de las decisiones que tomamos determina la calidad de nuestra vida. Cuando tomas buenas decisiones, la vida fluye. Cuando las tomas malas, no. En vez de disfrutar de los momentos de expansión, productivos y divertidos, inviertes mucha energía y mucho esfuerzo cambiando de opinión, poniéndolo todo en orden e intentando que las cosas vuelvan de nuevo a su sitio.

Todos cometemos errores, por supuesto. Y todos tenemos puntos ciegos, aspectos de la vida sobre los que parece que siempre decidimos mal. Uno de mis grandes puntos ciegos ha estado en la elección de pareja, como ya te he explicado. Afortunadamente ninguno de los tipos con los que he mantenido relaciones ha sido un estúpido. En realidad son buena gente. Pero esto no significa que seamos compatibles.

Yo soy una persona que necesita y valora la cercanía. Me gusta abrazarme donde me apetezca, física y emocionalmente, y ser completamente sincera con mi pareja en lo que respecta a mis sentimientos, mis sueños, mis miedos y todo en general. Pero anteriormente elegí parejas que no estaban en la misma longitud de onda. Sin duda, existía una atracción y nos llevábamos bien en muchos sentidos; conocíamos algunas de las mismas personas, nos movíamos a gusto en el ámbito social, incluso teníamos los mismos intereses, por ejemplo el de viajar para vivir culturas distintas y salir a donde fuera.

Pero, con algunas de estas parejas, siempre parecía que hubiera un muro emocional que nos separaba. Podíamos vivir cierto grado de intimidad, pero nunca me sentía completamente cómoda conmigo misma. De ahí nació un patrón en mi vida: enamorarme, pasar buenos momentos, pero nunca alcanzar esa intensidad que deseaba. Más adelante, después de una ruptura, le daba vueltas a la cabeza y pensaba: «Hmm, me pregunto por qué creí que acertaba al decidirme por él». Obviamente, en realidad no tenía que reflexionar mucho al respecto porque, aunque mi mente estaba confusa, mi corazón siempre me decía: «No es el que andas buscando».

En lo que al amor se refiere, no siempre tenemos una visión clara, porque el cerebro se impone a menudo al corazón. Y el corazón es la sede de la intuición, la base de nuestra inteligencia emocional. Permíteme que destaque esta palabra: *inteligencia*, porque el corazón es listo. (Voy a hacerme con esta frase una pegatina para ponerla en el parachoques trasero de mi coche). Suele saber más que nuestro cerebro, que tiende a actuar como un compañero de estudios alocado, con su par de paquetes de seis cervezas, una caja de condones, conduciendo el descapotable de su padre a toda velocidad y provocándote: «Vamos, anímate. Diviértete. No pares. No escuches al corazón. La fiesta sigue».

Sin embargo, pese a todo, el corazón en toda su inteligencia sigue tranquilo e intenta comunicarse con nosotros. Esto es lo que hace sutilmente. Tal vez sintamos algo en nuestro interior, como un empujoncito que percibimos en el pecho o la espalda que intenta llamarnos la atención. Puede ser una voz callada que trata de advertirnos en medio de la cháchara mental. Pero si no sabemos que es el corazón que nos habla, podemos ignorar estas sensaciones y dejar que el cerebro nos engañe.

Es posible que te lo pases bien durante un rato, pero de paso te infectas de un herpes que te abrasa, pierdes todo el dinero y ya tienes antecedentes penales en Tijuana. Quizá es el momento de pensar de nuevo —sentir de nuevo— las cosas, y que la próxima vez tu cerebro se detenga ante un semáforo en rojo, aparques el coche, cambies de asiento y dejes que sea el corazón el que conduzca.

Puedes desarrollar tu intuición ahora. Incluso después de que hayas dado, digamos, unos cuantos rodeos. Los «errores» son una parte importante de nuestro viaje porque nos motivan aún más para que volvamos al centro, nos demos cuenta o no de que lo hacemos. No queremos seguir sintiendo el mismo dolor debido a los mismos patrones, así que ponemos mayor empeño y energía en hacer las cosas de otra forma.

En el capítulo dos, «Eres ausencia de miedo», hablaba de aquellos cinco meses que dediqué a reprogramarme (y como bien sabes, seguía trabajando y ocupándome de mi familia, pero también reasignando mi tiempo para llenar lo que había vaciado durante unos cuantos años). Meditaba y estudiaba y hacía mis prácticas, es decir, todo aquello que resulta ser la clave del desarrollo de tu intuición. Dice Yogananda: «La forma más segura de liberar la expresión de la intuición es mediante la meditación, a primeras horas de la mañana y antes de acostarse por la noche».[2]

Unos meses después de ese periodo de casi aislamiento autoimpuesto, me encontraba en una fiesta informal con cena a la que asistíamos unas doce personas. Y una de ellas resultó ser Jon, mi futuro marido. Como leíste antes, Jon, a primera vista, no era precisamente mi tipo, pero había aprendido tan bien a impedir que el cerebro de ese compañero de estudios alocado hablara que mi corazón, mi intuición, me decía: «Este es el que buscabas. Este».

He descubierto que la intuición es una de las cosas más importantes que podemos desarrollar en nuestra vida, porque está relacionada con todas nuestras decisiones que forman el tejido de nuestra experiencia cotidiana.

Autorreflexión: sintonizar a tu manera

¿Cómo se comunica contigo exactamente tu intuición? ¿Es una reflexión de tu mente? ¿Algo que sientes en tu cuerpo? De ser así, ¿en qué parte del cuerpo lo sientes? ¿Y cómo es exactamente?

PERCIBIR LA INTUICIÓN

En realidad, la intuición no es tan difícil de entender. Podemos llamarla una «corazonada», pero no somos conscientes de los miles, si no millones, de bits de información que percibimos en cualquier momento, y que el cerebro y el sistema nervioso se encargan de procesar. Nuestro cuerpo es como una central eléctrica intuitiva.

Piensa en cómo actúa la inflamación: nos hacemos un corte, y los glóbulos blancos de la sangre se ponen a combatir a los intrusos, sea que te hayas cortado con un papel o que te hayan herido con un arma de fuego. No les decimos que hagan nada; simplemente lo hacen. Y nuestro cuerpo y nuestra mente hacen constantemente estas cosas para protegernos, una actividad a la que llamamos intuición. Desde una perspectiva espiritual, la meditación nos ayuda a diferenciar nuestro omnisciente verdadero *Ser* de nuestros propios juicios, prejuicios y hábitos que a menudo anulan nuestra conciencia subyacente o verdadero *Ser*.

La intuición –la idea de que las personas podemos tomar decisiones acertadas sin necesidad de una reflexión analítica deliberada– ha intrigado por igual a filósofos y científicos desde los tiempos de los antiguos griegos. En la comunidad científica, cada vez aparecen más estudios sobre la viabilidad y la importancia de la intuición.

Por poner un ejemplo: investigadores de la Universidad de Nueva Gales del Sur han estudiado la intuición y demostrado lo mucho que la intuición inconsciente puede conformar –e incluso mejorar– nuestra toma de decisiones. «Todos estos datos que hemos hallado indican que podemos usar la intuición inconsciente de nuestro cuerpo o cerebro para que nos ayude a orientarnos en la vida, a saber tomar decisiones mejores y de forma más rápida, y a confiar más en lo que decidamos», afirma el investigador Joel Pearson.[3]

Gerd Gigerenzer, del Instituto Max Planck para el Desarrollo Humano, de Berlín, dice que las personas raramente tomamos decisiones basándonos únicamente en la razón, en especial cuando el problema en cuestión es complejo. Cree que se ha infravalorado el valor de la intuición, a la que considera una forma de inteligencia inconsciente.[4] En su artículo de 2006, Ap Dijksterhuis y sus colegas, por entonces en la Universidad de Ámsterdam, también concluían señalando el valor de la intuición. Los investigadores verificaron lo que ellos llamaban hipótesis de «la deliberación sin atención»: la reflexión consciente es la que tiene más sentido para decisiones sencillas, pero puede ser realmente perjudicial al considerar asuntos de mayor complejidad, por ejemplo la compra de una vivienda.[5]

Como señala *Psychology Today* —la web que se ocupa de las ciencias del conocimiento—, los científicos utilizan la intuición creativa para seleccionar las vías que deben seguir para llegar a potenciales descubrimientos. Diversos premios nobel han expuesto cómo utilizan las premoniciones. Michael S. Brown, genetista estadounidense y premio nobel de Fisiología o Medicina, dice: «Creo que, mientras hacíamos nuestro trabajo, a veces sentíamos como si hubiera una mano que nos guiaba».[6]

Autorreflexión: tu relación personal con la intuición

Dedica unos minutos a anotar en tu diario las respuestas a las preguntas siguientes:

1. ¿Alguna vez has sintonizado con tu intuición o la has descartado junto con las «corazonadas»?

2. ¿Recuerdas algún caso en que escuchaste a tu intuición y optaste por un camino distinto (y, en última instancia, excelente) o tomaste una decisión que te fue muy provechosa?

3. ¿Alguna vez has evitado a tu mente para escuchar a tu corazón? ¿Qué ocurrió?

4. ¿En algún momento ignoraste tu intuición y cometiste un error o seguiste un camino que no te convenía?

5. ¿Conoces a alguna persona a la que describirías como intuitiva? ¿Qué es lo que hace que te lo parezca?

CÓMO DESARROLLAMOS LA INTUICIÓN

Yogananda no dice en ningún momento que aceptemos las cosas ciegamente. Dice que «la duda constructiva en lo que se refiere a los asuntos divinos nos llevará hacia la verdad antes que la creencia dogmática».[7] Nos apremia a que verifiquemos si los sistemas seguros de meditación, que los yoguis han demostrado y copiado durante siglos, nos sirven para pasar de simplemente hablar de las creencias a *conocer* la verdad por propia experiencia. La creencia dogmática no nos aporta claridad y, al final, si algo no funciona, nos rebelamos y rechazamos esas ideas.

Es como una especie de espina diminuta que se te clava en la mano. Puede ser tan pequeña que no la veas, pero sientes el dolor que te produce. Sabes que algo va mal. Lo increíble es que, con el tiempo, tu cuerpo expulsará esa espina, esa cosa que no te pertenece. Puede tardar más o menos, claro está, pero cuidarse y protegerse forma parte de la capacidad natural de tu cuerpo.

Lo mismo ocurre con nuestros sentimientos. Si algo va mal en tu interior desde un punto de vista emocional, tu corazón intentará quitárselo de encima. Sentirás algo, pero has de prestar atención y usar este mensaje lo mejor que puedas para que te ayude. **La meditación nos intensifica la conciencia, y así nos ayuda a tomar mejores decisiones.** Y, a veces, no podemos hacerlo todo solos. La meditación nos permite saber cuándo hemos de pedir ayuda exterior. Puede ser hablar con un amigo o un profesional y decidir el mejor plan de acción.

Cuando inicié este camino, me hacía las mismas preguntas que prácticamente se hace cualquiera que opte por él: «¿Cómo sé que todo esto del yoga es verdad? ¿Cómo sé que la meditación va a funcionar? ¿Cómo sé que este es el mejor camino para mis meditaciones?». Compruébalo tú mismo. Cuando descubrí este camino, hice lo que Yogananda me dijo que hiciera: cuestionarlo todo.

Verifiqué las ideas que llevaba en mi interior y comprobé la práctica de la meditación para ver qué surgía de mi propia intuición y mi conocimiento. También me dispuse a ver si algo evolucionaba o cambiaba dentro de mí.

Y las cosas funcionaban. Avanzaba y percibía que lo que sentía en mi interior iba cambiando. No seguía ciegamente ese camino. Mi intuición también evolucionaba en general en todos los aspectos de mi vida, y no me limitaba a confiar en la cruda realidad para apoyar en ella mis instintos viscerales. Por ejemplo, cuando tuve que decidir mudarme de Nueva York a Los Ángeles, al principio me preocupaba dejar a mis amigos, mi familia y mi vida en la Costa Oeste. Pero escuché mi voz interior, hice la mudanza y a partir de entonces empecé a sincerarme en todo lo que atañía a mi vida.

TRASCENDER LO QUE TE GUSTA O DISGUSTA

Algo que también te ayudará a confiar más en la intuición es no obsesionarte con cómo quieres que las cosas funcionen. Dice Yogananda: «El control perfecto de los sentimientos te convierte en rey de ti mismo [...] Empieza por no atender a lo que te gusta o te disgusta».[8] El problema de aferrarnos a nuestros gustos y aversiones es que no dejamos de afanarnos, un desasosiego que Yogananda llama una especie de «persistente descontento provocado por los sentimientos».[9] Quiere decir que cosas cotidianas, tan irrelevantes como preferir una u otra mesa en un restaurante o querer que te retiren los platos de una determinada forma, pueden tener el poder de fastidiarte el día. Si nos implicamos excesivamente en las minucias de todos los días, perdemos de vista la realidad en su conjunto.

Cuando nos centramos en todas nuestras pequeñas preferencias, lo que realmente hacemos es reforzar el ego, o el pequeño yo. Una parte más pequeña de nosotros que quiere que las cosas se hagan de una determinada forma gasta muchísima energía defendiendo nuestras opiniones y posturas. El verdadero *Ser*, la parte *grande* de ti que estalla para salir fuera, es mucho más que las pequeñas cosas rutinarias de todos los días. El verdadero *Ser* se fija en la imagen completa, la dicha interior o la felicidad pura.

Cuando sintonizas con el verdadero *Ser*, es imposible que te preocupes en exceso de lo que ocurra fuera de ti. Esto no significa que no puedas tener la ilusión de comprarte un par de zapatos nuevos, redecorar una habitación de tu casa o salir a cenar con un amigo, pero cuando primero conectas con tu Dicha interior, descubrirás que gran parte de lo que considerabas importante en realidad es prácticamente anodino. También significa que una noche de cine informal con alguien que te atraiga de repente puede explosionar y convertirse en uno de los momentos más dichosos y memorables de tu vida. La Dicha interior eleva la experiencia exterior a niveles nuevos e increíbles.

Así pues, ¿qué significa realmente esto en el mundo real? Quiere decir que está bien que tengas tus preferencias sobre cómo deseas que sean las cosas, pero, al mismo tiempo, has de estar abierto a lo que te encuentres por el camino. Cuando te muestras abierto, puedes hacer amigos en este preciso momento, y después actuar debidamente para avanzar, incluyendo en ese progreso si pretendes cambiar las cosas. Y no cerrarte como una almeja si algo no es exactamente como quieres que sea. Si solo buscas a tipos rubios, guapos y amantes del surf, ¿qué pasaría si tu compañero del alma resulta ser un tío moreno trajeado con el que te cruzas por la calle? ¿Y si tu mejor plan para fabricar un producto nuevo es fruto de una sugerencia que ignorabas porque procedía de tu becario y no de tu director?

Estar abierto es una auténtica cualidad de la iluminación. Estar abierto significa que nos rendimos a la verdad de que sencillamente no lo sabemos todo. Quiere decir que dejamos que el Espíritu nos hable a través de la intuición y no se limite a favorecer que se haga lo que deseamos. Significa que nos humillamos ante el verdadero *Ser*, la gran fuerza que contribuye a orientarnos, dirigirnos y mostrarnos *el* camino. La amplitud de miras implica que estamos preparados y dispuestos a experimentar la expresión mejor y más completa de dondequiera que nos encontremos. Trabajamos con el devenir de la vida, no batallamos contra él.

Autorreflexión: observar frente a juzgar

Juzgar constantemente es agotador. Cuanto más dejamos que las cosas sean como son, más nos sosegamos para que nuestra intuición realmente nos pueda hablar a fin de que discernamos la realidad y sepamos cuáles son los siguientes mejores pasos que debemos dar. Como nos enseña Yogananda: «La única forma de conocer la verdad y vivir en ella es desarrollar el poder de la intuición».[10]

Siempre que te sorprendas emitiendo un juicio —por ejemplo: «Tiene que ponerse a dieta» o «¡Pero bueno! ¿Es que hoy se ha echado todo un frasco de laca?»—, procura limitarte a observar y ser testigo, manteniendo la máxima neutralidad posible. Aun así, no podremos evitar juzgar en mayor o menor medida, porque es propio de la naturaleza humana. Y a veces no tenemos más alternativa que tomar decisiones basándonos en nuestras preferencias. Pero en la mayoría de los casos, podemos restar importancia a cualquier juicio. Los que siguen son algunos ejemplos de cambios mentales que puedes empezar a poner en práctica:

Juicio	Observación
Ese sombrero rojo que lleva esa señora es horroroso.	Ahí va una señora con un sombrero rojo.
Es mucho mejor levantar pesas que correr.	A unos les gusta levantar pesas, a otros, correr.
¡Ahí va Rubby! Parece que ha engordado un par de kilos.	¡Ahí va Rubby!
Uff, cuando hace tanto calor da asco. Es horrible.	Hace calor hoy.
El tío debe de ser rico: lleva un Bentley.	Ahí hay un tipo conduciendo un Bentley.
Está desesperada por llamar la atención con sus publicaciones en las redes sociales.	Ha subido una nueva publicación en la red social.

Cuando empieces a practicar este ejercicio, es posible que te sorprendan los muchos juicios que haces en un día, después en una semana, un mes, un año. Muchos de ellos son innecesarios y pueden alejarnos del centro cuando no dejamos de hacer pequeñas evaluaciones y comparaciones del ego. En su lugar, sigue trabajando en limitarte a ser testigo y observa cómo es mucho más fácil atender a lo que te diga la intuición.

LA INTUICIÓN ES LA PRECURSORA DE LA FE

Visvas significa 'fe' en sánscrito. Reúne los significados de 'respira bien', 'ten confianza' y no 'tengas miedo'. Pero Yogananda dice que esto no es todo lo que significa. *Svas* se refiere a los movimientos de la respiración, lo cual implica la vida y el sentir, mientras que *vi* significa 'opuesto' o 'sin'.[11] Se diría, pues, que cuando estamos tranquilos podemos acceder a la intuición. Y la intuición desarrollada hace que surja la fe porque sabemos que estará preparada y lista para ayudarnos. Pero a quienes sean emocionalmente inquietos les puede resultar difícil o quizá imposible acceder a la intuición y la comprensión de la verdad. Es como la superficie de aquel lago de aguas agitadas del que te hablé anteriormente. En ese estado, es imposible ver el reflejo de la luna. Es decir, hasta que la intranquilidad dé paso a la calma. La ecuanimidad, de la que nos ocupamos en el capítulo ocho, «Eres paz», precede a la intuición.

Cuando está suficientemente desarrollada, la intuición aporta la comprensión de la verdad. Dice Yogananda: «En la tranquilidad de la meditación tu conciencia será capaz de concentrarse en la verdad y la comprensión. En este estado se desarrolla la fe; al desplegar la intuición recibes "la evidencia de cosas no vistas"».[12] Poco a poco y con el paso del tiempo, si seguimos meditando y continuamos con nuestra práctica, surge la claridad.

Formas prácticas de aumentar la intuición en tu vida

1. **Pide al Espíritu que te guíe.** La plegaria que prefiero para conseguir la orientación está adaptada de una que enseña Yogananda: «Espíritu, reflexionaré, estaré dispuesto(a) y actuaré, pero guía mi razón, mi voluntad y mis acciones hacia las cosas más elevadas y mejores que quieras que haga». Esto me ayuda a manifestar mi intención de permanecer abierta a acceder a mi intuición más elevada, sin ideas preconcebidas.

2. **Antes de tomar cualquier decisión, ponte en sintonía.** Por ponerse en sintonía entiendo ignorar al menos temporalmente las voces exteriores y las influencias externas antes de decidir. Entra en tu interior. Medita y luego escucha los mensajes como lo harías con un «presentimiento» o un conocimiento. «Pero si

dejas que la sintonía con Dios te oriente, Él te ayudará a hacer lo correcto y a evitar los errores», nos enseña Yogananda.[13]

3. **Déjate llevar.** En la vida diaria, procura no quedarte atrapado(a) en perseguir lo que te gusta y despreciar lo que no te gusta, para que la intuición realmente te pueda orientar. Encerrarte en tus preferencias puede acabar con todas las posibilidades. Si en el restaurante no les queda tu plato preferido, decídete por otro. Si no encuentras pantalones de yoga del color que quieres, llévate esos de color gris. ¿Te quedas atascado(a) en un semáforo? Dedica ese tiempo a meditar unos minutos. Sacudirte las molestias que te causan tus preferencias es una auténtica liberación.

4. **Date cuenta de la rigidez y líbrate de ella.** Con la linterna de tu autoconciencia observa en qué puntos de tu vida diaria puedes mostrarte más abierto(a). Recuerda que cuanto más abierto(a) estés, sin ideas estrictas preconcebidas, mejor puedes oír lo que te diga la intuición. Quizá tengas unas ideas muy asentadas sobre determinadas cosas o sobre cómo actuar en unas determinadas circunstancias. Recuerdo que me solía molestar que alguien de mi equipo no me mandara un documento «bien» formateado. Pero la culpa no era de la otra persona; simplemente no hacía las cosas como a mí me gustaba hacerlas. Cuando dejé esa rigidez sobre la forma en que pensaba que debían hacerse las cosas, empezaron a gustarme otras maneras de hacerlas. ¡Pruébalo! Es muy liberador, y hasta puede ser divertido.

5. **Date cuenta de que puedes acceder a un conocimiento más profundo.** Observa y créete que no eres un ser pequeño e insignificante y no tienes por qué estar limitado y condicionado en tu toma de decisiones. A partir de la conexión de tu verdadero *Ser*, estás conectado(a) a todo, incluidos toda la

sabiduría y un vasto conocimiento. Tenlo en cuenta y piensa en lo que dice Yogananda: «Cada vez que mires tu cuerpo de carne y huesos, te ves pequeño y limitado. Si a tu cuerpo le ocurre algo más o menos grave –si no paras de estornudar o si recibes un golpe tan fuerte en la mano que te rompes alguno de sus huesos–, te das cuenta de la poca cosa que eres. Pero si cierras los ojos durante la meditación, contemplas la inmensidad de tu conciencia: ves que estás en el centro de la eternidad».[14]

Capítulo 12

ERES UNA CENTRAL ELÉCTRICA

Por consiguiente, el secreto de la vitalidad es almacenar la energía que posees y aportar nueva energía al cuerpo con la fuerza de voluntad.

—PARAMAHANSA YOGANANDA[1]

¿Sabías que el cuerpo humano en reposo produce unos cien vatios de potencia?[2] Es el equivalente a una bombilla que puede iluminar toda una habitación.

Y, pese a ello, muchos no nos sentimos resplandecientes sino que, a veces, pensamos que no tenemos fuerza para nada. Las razones son muchas: falta de sueño, una dieta inadecuada, ansiedad o alguna enfermedad. Pero ninguno de estos estados o condiciones niega el hecho de que tu cuerpo es un generador de energía. Eres pura energía, pura vitalidad.

En este capítulo, aprenderemos a acceder a la energía vital que llevamos dentro y a dirigirla. Hablaremos también de cómo incorporar más energía para que puedas convertirte en una gran central eléctrica capaz de crear una vida hermosa y gratificante. Empecemos aclarando el contexto.

¿QUÉ ES EXACTAMENTE LA VITALIDAD?

Vitalidad deriva de la palabra latina *vita*, que significa 'vida'. Desde una perspectiva yogui, la vitalidad se produce cuando la fuerza de la vida, o prana, fluye a través de ti en abundancia. Te sientes centrado, resiliente, fuerte, seguro, inspirado e imparable. Tu piel reluce, andas con soltura y paso decidido, te ríes más y conectas mejor con las otras personas. La vitalidad alimenta tu capacidad de ser una central eléctrica. Ambas están estrechamente relacionadas.

La primera persona que me viene a la mente cuando pienso en la vitalidad es mi profesor de ayurveda. En mis años de médica interna residente en la clínica ayurveda, mi profesor no solo estaba siempre sonriente, sino que no dejaba de salmodiar mantras en todo el día. ¡Salmodiando! Con todas sus muchas responsabilidades, un horario sin descanso y un desplazamiento de dos horas (o más) hasta Beverly Hills, siempre estaba de buen humor. Y no exagero. Creo que nunca lo vi estresado. Aunque ya andaba cerca de los cincuenta años, en su pelo negro no se veía ni la más mínima cana (y no, no usa *Just for Men*) y sus ojos centelleaban mientras con paso firme iba de una sala de tratamiento a otra. Ama la *vita*. En otras palabras, le encanta vivir. Es la personificación de la vitalidad y la definición perfecta de una planta eléctrica.

Pero tiene truco: Vaidya Jay solo duerme unas cuatro horas por la noche. Todos los días se levanta antes de que salga el sol para hacer todos sus ejercicios de yoga y de meditación, y cuando termina se pone en carretera. Me decía a menudo que obtiene la mayor parte de su energía gracias a sus meditaciones y que, lamentablemente, mucha gente no sabe cómo incorporar a su vida una práctica diaria de conciencia plena o serenidad. Si lo hicieran, decía, si las personas aprendieran a utilizar su voluntad y dedicaran un poco de tiempo a concentrarse en cómo darle un buen uso, todo su mundo cambiaría, literalmente.

PRESTAR ATENCIÓN A LA VOLUNTAD

Vaidya Jay habla de un tema muy interesante. Concretamente, de la fuerza de la voluntad.

Básicamente, nuestra voluntad es la capacidad de decidir hacer algo en nuestra mente para después dar los pasos necesarios para que se haga realidad. Con más frecuencia que menos, cuando hablamos de la voluntad nos referimos a la fuerza de voluntad, la capacidad de conseguir hacer algo, por ejemplo tejer un suéter o iniciar un negocio nuevo. Y aún con más frecuencia, hablamos de la fuerza de voluntad como algo negativo, normalmente alguna carencia: «Oh, no tuve la suficiente fuerza de voluntad para seguir una dieta saludable... No tuve fuerza de voluntad para continuar con los ejercicios».

Pero Yogananda enseñaba que la voluntad es algo que puede estimular nuestra vitalidad. La voluntad es el puente que une nuestra energía vital individual con la energía mayor de todo lo demás. Yogananda demostró que existe una conexión entre voluntad y energía, y que *la voluntad incrementa la energía*.

En otras palabras, podemos utilizar la voluntad para crear y aprovechar nuestra voluntad interior e irradiar esta resplandeciente energía por todo el mundo. Podemos usar la voluntad para canalizar más energía hacia el interior de nuestro cuerpo mediante la práctica y las técnicas yoguis. De hecho, hoy se estudian formalmente las prácticas yoguis y se ha descubierto que, entre otros beneficios físicos, ayudan positivamente a regular la presión arterial sistólica y diastólica,[3] mientras que en otro estudio se demuestra la existencia de una correlación con la presión sanguínea y la fatiga.[4] De ello podemos deducir que una presión arterial sana y regular genera lo contrario de la fatiga: vitalidad.

¿Qué significa esto? Que las prácticas de la meditación nos pueden ayudar a regular nuestra vitalidad. Hacen que seamos más eficientes. De modo que, en vez de desperdiciar energía —como cuando estamos solos en casa y están encendidas las luces de todas las habitaciones— podemos almacenar nuestra vitalidad para crear la vida que todos deseamos.

Los alimentos, enseña Yogananda, son una fuente de la que los seres humanos obtenemos energía para el cuerpo. Otras fuentes son el oxígeno, el suelo y la luz del sol. Pero más allá de todas ellas, Yogananda dice que una importante fuente de energía, a la que podemos recurrir en cualquier momento, en realidad se encuentra en un punto situado en la base de nuestro cerebro llamado «bulbo raquídeo». Ya te he hablado del tema en el primer capítulo dedicado a la práctica, el capítulo cuatro, pero recordemos: la zona del bulbo raquídeo del cerebro conecta con la columna vertebral, que, a su vez, conecta con las otras partes del sistema nervioso, incluido el sistema nervioso periférico.[5] Según parece, este es el punto exacto por el que la energía entra en nuestro cuerpo mediante las técnicas de meditación claramente definidas del antiguo Kriya yoga.

Esta energía que penetra en nuestro interior a través de la meditación está siempre a nuestro alrededor, omnipresente en todo el universo. De hecho, la ciencia ha demostrado que la materia aparentemente sólida es espacio en más de un 99,9999999 %. Imagina una gran habitación vacía por completo, salvo por una sola manzana que se encuentra en el centro. Aun así todo este espacio en realidad no es «espacio muerto». No está vacío de verdad; palpita con energía cinética y potencial.

Yogananda tiene un canto, titulado «Soy la burbuja, haz que sea el mar», que ilustra perfectamente el conjunto de esta idea. Podemos pensar que somos seres aislados y separados de todo lo demás por nuestra piel, que es la endeble frontera similar a una burbuja que media entre nosotros y el mundo, y aparentemente entre nosotros y el Infinito. Pero eres literalmente muchísimo más. Eres el mar de vasta energía. Es algo que a Deepak Chopra le gusta llamar un océano de potencialidad pura. La energía que te impregna está por doquier. La realidad es que no estás separado del mundo. Tú y yo estamos en el mundo, entremezclados con él y formando parte de él. Lo único que nos falta es aprender a dirigir esta energía que corre a través de nosotros.

Piénsalo así: imagina que saltas a un hermoso mar y vas nadando por debajo de la superficie. Has pasado a formar una sola unidad con el mar. El agua te rodea el cuerpo. Tu movimiento afecta al del pez que se encuentra en estas aguas y, como todo buen nadador o surfista sabe, puedes aprovechar la energía de las olas para ir de un lugar a otro. Lo mismo podemos hacer en tierra firme, dirigiendo nuestro prana, nuestra fuerza vital.

La medicina ayurveda, la ciencia hermana del yoga, así lo resume con su teoría *panchamahabhuta*, según la cual los cinco elementos de nuestro cuerpo: la tierra (*prithivi*), el agua (*jala*), el fuego (*agni* o *tej*), el aire (*vayu*) y el éter o espacio (*akasha*) son los mismos elementos que se encuentran en la naturaleza. Tu energía forma parte del conjunto, y viceversa.

Es posible que realmente no prestemos atención a esta provisión de energía ni nos demos cuenta de que *podemos* tomar mayor parte de ella para, con nuestra voluntad, llevarla a nuestro interior, pero esta es una de las enseñanzas fundamentales del Kriya yoga. Esta energía inteligente es la base de toda la materia. La energía se utiliza para crear todas las cosas, entre ellas la vitalidad o fuerza vital de tu cuerpo.

Soy consciente de que, en estos momentos, lo que estoy diciendo puede parecer excesivamente esotérico (pero el tema me entusiasma), así que hagamos ahora mismo un ejercicio para demostrar la conexión entre la voluntad y la energía.

Conectar la intención, la voluntad y la energía

La energía fluye donde ponemos nuestra atención e intención. Esta práctica comenzará a aunar tu intención, tu voluntad y tu energía. Puede ser algo tan básico como decidir cepillarte los dientes u ordenar un armario. O tu intención podría ser cambiar de vida para poder viajar por el mundo. Sin embargo, la intención no es un deseo más. Es un compromiso de hacer o ser algo.

Tu intención puede dirigir tu voluntad, o tu fuerza y tu capacidad para dar realmente los pasos necesarios para crear tu intención. Tu voluntad, dependiendo de la intensidad de su fuerza (que puedes construir mediante la práctica y la atención directas), después puede dirigir la energía para generar mayor fluencia en las vías espiritual, mental y física. De este modo podrás liberar la energía encorsetada, que, de no ser así, puede paralizarnos la mente y el cuerpo. Esto es lo que hay que hacer:

1. Cierra los ojos un momento y fija la intención o el propósito de liberar la tensión de tu cuerpo y tu mente.

2. Al inhalar por la nariz, imagina que estás reuniendo toda la tensión que existe en tu vida y la diriges a los hombros.

3. Cuenta hasta tres y empieza a aumentar la tensión de los hombros mientras los vas levantando hacia las orejas. Déjalos ahí un momento y a continuación exhala profundamente por la boca, deja caer los hombros y, con la respiración, siente cómo la tensión desaparece de ellos y de todo tu cuerpo.

4. Repite lo anterior tres veces. Cuando termines, vuelve a tu respiración normal y siéntate un momento, permaneciendo en silencio al menos hasta que te levantes.

Así pues, ¿qué se deduce de todo lo anterior? Que tienes la capacidad de mover la energía de tu cuerpo. Y si tienes la capacidad de mover la energía de tu cuerpo, entonces posees la capacidad de soltar las emociones y sensaciones que no te sirven para nada en la vida y con las que no quieres seguir acarreando.

¿QUÉ MERMA LA VITALIDAD?

Hablemos ahora de algunas circunstancias que pueden mermar nuestra vitalidad de tal forma que impide que seas esa central eléctrica que estabas destinado a ser. Una vitalidad mermada significa que no tienes tanta fuerza vital para jugar con tus hijos, revisar los correos recibidos o sacar a pasear al perro. También significa que tu cuerpo se desgasta y descompone a mayor velocidad a nivel celular, lo cual puede acelerar el envejecimiento e incluso provocar algún tipo de enfermedad.

Todo es energía, y menos energía significa menos fuerza vital en general: significa rejuvenecer menos; significa menos renovación. Eres como el neumático que pierde aire por algún agujero. Puedes seguir inflándolo, pero el neumático no dejará de bajar hasta que tapones ese hueco.

Una gran pérdida de vitalidad sobre la que advierten Yogananda y otros yoguis se produce por no frenar los sentimientos. Cuando nos enfadamos, sentimos mucho miedo o estamos muy ansiosos, acabamos por gastar una gran cantidad de energía y sintiéndonos vacíos y sin fuerzas.

¿Alguna vez te has sentido completamente agotado después de discutir con alguien? No es extraño. Según diversos estudios, el agotamiento emocional está relacionado con un declive de la atención, la memoria y la función ejecutiva, todas ellas necesarias para la planificación y la organización.[6] El malestar emocional se puede manifestar físicamente, con problemas digestivos, jaquecas, pérdida o aumento de peso, etc. Esto no significa que debamos ser conscientes de nuestros sentimientos.

Al contrario, queremos observar nuestros sentimientos y dejar que pasen, del mismo modo que dejamos que se digiera lo que comemos. Después nos podemos manifestar más sosegados para ocuparnos con buen ánimo y juicio de cualquier cosa que requiera nuestra atención. Cuando estamos tranquilos, no solo oímos con mayor claridad a nuestro verdadero *Ser* y tenemos el control de nosotros mismos, sino que no perdemos fuerzas por dedicarnos a estados emocionales extremos innecesarios.

LA IMPORTANCIA DE SENTIR LAS EMOCIONES

Puede parecer con frecuencia que nuestros sentimientos y emociones nos controlan la vida; así de tormentosos, impredecibles y fuertes se nos pueden antojar. Cuando aprendemos a liberarnos de ellos a través de un proceso al que me gusta denominar «digestión de los sentimientos», podemos experimentar un enorme aumento de energía en nuestro cuerpo y más libertad, o la propia iluminación que estamos buscando.

En la sociedad moderna, desde una edad muy temprana, no se nos suele enseñar a sentir realmente nuestros sentimientos. En su lugar, nos enseñan que debemos reprimirlos, distraernos para alejarnos de ellos o aplastarlos e ignorarlos. Se nos enseña que algunos sentimientos son «negativos», por lo que hemos de simular que nunca los tenemos o, cuando menos, que no los reconocemos.

El problema de tal actitud es que realmente no los procesamos, y los sentimientos no resueltos suelen permanecer en nuestro cuerpo y nuestra vida. Según el psiquiatra David Hawkins, autor de *Dejar ir: el camino de la liberación*, nos ocupamos de nuestros sentimientos negativos (el miedo, la ira, la tristeza, los celos, etc.) de tres formas principales: los reprimimos, los proyectamos sobre otros o huimos para evitarlos.[7] Cuando reprimimos nuestros sentimientos y los aplastamos, no desaparecen. En su lugar, se desarrollan y generan una presión que se puede sentir en todo el cuerpo (en especial en el cuello y la espalda) o se pueden manifestar en forma de irritabilidad y malhumor, insomnio, problemas digestivos y otras muchas manifestaciones físicas, por ejemplo acné, dolor en las articulaciones o jaquecas.[8]

Proyectar nuestros sentimientos no procesados puede provocar un efecto destructivo en nosotros mismos y en nuestras relaciones. Y lo sé por experiencia propia. Hoy para mí el viaje sigue, pero he aprendido a no apegarme tanto a mis emociones. No me interpretes mal. A veces resbalo y me doy de bruces contra antiguos patrones. Por ejemplo, recuerdo una ocasión en que hablaba con una paciente sobre la importancia del amor por uno mismo cuando le llegó un mensaje al teléfono. Dejó de mirarme para ver el teléfono y rápidamente contestó al remitente con otro mensaje. Me irritó tanto su actitud que noté que, como les sucede a menudo a *Tom y Jerry*, me salía humo por las orejas.

A menos que se produzca una emergencia perentoria —que no era el caso en la anécdota anterior— dos personas que están hablando deben respetarse y atenderse mutuamente, sin estar pendientes de los mensajes que les puedan llegar. Cuando se producen cosas de este tipo, he aprendido a contenerme y redirigir mi energía de forma más positiva. Cuento un chiste o simplemente simulo que no me he enterado. Ese día tan solo respiré profundamente y en mi interior le deseé paz a mi paciente. En lugar de prestar atención a la provocación, observo que los sentimientos incómodos proceden de una vieja herida. Ante la mínima perturbación, respiro profundamente para impedir que me atrape.

Por último, todos sabemos qué implica huir. Es la cara visible de la abstinencia y la desconcentración en todas sus formas: el alcohol, amodorrarse delante de la tele, ir de compras, hablar, entretenerse con las redes sociales, etc. No se trata de que nada de todo esto sea bueno o malo, sino de cómo lo utilizamos y qué protagonismo tiene en nuestra vida.

PROCESAR TUS SENTIMIENTOS

Procesar los sentimientos para digerirlos en nuestro interior significa que los podamos sentir plenamente y comunicarlos al exterior sin valorar ni dejar de valorarlos, con neutralidad, sin exagerarlos y exentos de cualquier elemento emocional. De este modo podemos conservar nuestra energía y crear en nuestro interior un espacio de paz para poderla dirigir de forma positiva. Crear un entorno personal de sosiego es saludable y muy importante en nuestro camino a la iluminación.

Para ello, como explica Hawkins, todo lo que tenemos que hacer es estar con el sentimiento hasta que complete todo su recorrido.[9] Evidentemente, es algo más fácil de decir que de hacer, pero lo que él señala es que no nos resistamos a que surja una emoción en nuestro interior. Este acto de represión en realidad nos obliga a contener algo que no es bueno para nosotros. Es como tener un exceso de sal en el cuerpo, lo cual puede provocar que retengamos el agua. Tener agua en el cuerpo es bueno, pero cuando retenemos más de la necesaria, podemos sufrir todo tipo de dolencias, desde hinchazón hasta una presión arterial alta.

Así pues, en lugar de retener o bloquear un sentimiento, evita los razonamientos de la mente que trata de defender tu postura por sentirte menospreciado o traicionado. Limítate a sentir y sentir, hasta que la energía de esos sentimientos se desvanezca de forma natural, algo que no suele tardar más de unos pocos minutos. ¿Cómo distingues los pensamientos de los sentimientos? Los sentimientos son mudos. Son simples sensaciones, y no tienes que etiquetarlos, como, por ejemplo, en el caso de: «¡Jo! ¡Ahí está de nuevo la ira!». Los pensamientos son constructos e ideas. Por lo tanto, para procesar los sentimientos, deja que las sensaciones se muevan a su antojo y siéntete cada vez más libre de ellas. De este modo, la libertad interior, o la iluminación, crece con mayor fuerza en nuestra vida.

Autorreflexión: tus emociones retenidas

Dedica unos minutos a escribir en tu diario las respuestas a las preguntas que siguen. Podrías limitarte a reflexionar sobre ellas, pero el hecho de poner por escrito tus respuestas te ayuda a aclarar mejor tus experiencias. Es una forma educada de decirte: «¡Escríbelas!».

1. ¿Cuáles son algunas de las emociones negativas que parece que te acosan una y otra vez?

2. ¿Cuáles son algunos de tus desencadenantes? Con ello quiero decir algunas situaciones que al parecer se repiten con mucha asiduidad y te provocan emociones negativas en la vida cotidiana. Podría ser algo tan simple como cuando tus amigos no responden enseguida a tus mensajes, cuando tu compañero de trabajo habla de ti en un tono que te parece propio del jefe o cosas similares. Piénsalo.

3. Cierra los ojos y coloca las manos sobre el vientre durante unos minutos. Pregunta al centro de tu cuerpo: «¿Qué emociones retengo y no dejo que se vayan?». Observa si tu cuerpo tiene

algo que decirte en este momento. Puede parecer raro preguntar al cuerpo, y es posible que no lo comprendas. No importa. La mera práctica de mirar al interior es importante para
generar una profunda autoconexión, que es donde hallarás el
pleno y radiante inicio de tu crecimiento.

OTRAS FUGAS DE LA VITALIDAD

También perdemos vitalidad al emplear todo nuestro tiempo y toda
nuestra energía en lo que Yogananda llama «actividades inútiles».
Inútiles puede parecer una palabra severa, pero Yogananda se refiere a pasatiempos que no intervienen para nada en llevarnos hacia
la iluminación, por ejemplo navegar excesivamente por Internet,
ver todos los capítulos seguidos de una serie de televisión o intere-
sarse por los chismes. Disponer de tiempo libre para divertirse no
tiene nada de malo. En realidad, para todos nosotros, seres no iluminados por completo, es una obligación. Quizá cuando estemos
plenamente iluminados, no tendremos necesidad alguna de entre-
tenernos. Pero mientras estemos en el camino indudablemente
necesitamos descansar de vez en cuando.

La clave está en asegurarte de que te reservas tiempo suficiente
para tu práctica y tus meditaciones y mantener el control de todas
las demás actividades de que hablaba Yogananda. Digamos que si lo
único que haces siempre por la tarde y la noche cuando terminas de
trabajar es ver la tele o películas, estarías desperdiciando mucha de
tu energía en el tiempo que te pasas delante de la pantalla. Así que,
si te gusta la televisión, por supuesto que la puedes ver, pero limi-
ta el tiempo que le dediques. Asegúrate de apagar el televisor con
tiempo suficiente para poder hacer tu meditación y tus prácticas, o
para leer o salir con los amigos y la familia. Lo mismo cabe decir del
uso del móvil, las redes sociales y las compras *online*. Distribúyete

bien el tiempo, de modo que puedas hacer todas estas actividades sin por ello dejar de concentrarte en tus prácticas interiores.

Otra forma de que se escape la vitalidad puede ser por culpa de obstrucciones físicas. Yogananda decía que hay que evitar el estreñimiento a toda costa porque esa acumulación tóxica nos resta vitalidad.

Yogananda también recomienda no comer carne (o, al menos, no en exceso), porque «carga el cuerpo de veneno» y acaba por reducir la vitalidad. Esta es la razón de que prácticamente todos los maestros de yoga aconsejan seguir una dieta vegetariana. Cuando descubrí los principios energéticos del yoga, decidí comer únicamente vegetales.

Y, por último, hablar demasiado te resta fuerza vital. A menos que tengas algo que realmente quieras decir, es mejor dejar que tu voz descanse y no malgastar energía.

LA VITALIDAD PUEDE CRECER EN CUALQUIER MOMENTO DE TU VIDA

¿Te parece extraño que la mayoría de las personas que ves vayan perdiendo cada vez más su aspecto radiante a medida que pasa el tiempo, en lugar de mejorarlo y que adquiera mayor brillo? Sin un camino y los instrumentos que nos empujen a ser esa central eléctrica para la que fuimos diseñados, la mayoría de la gente sigue un estilo de vida que gira en torno a su trabajo, organizar los muchos aspectos de sacar adelante una familia o crear un hogar y participar en actividades con las que relajarse que, en realidad, pueden disminuir su vitalidad, y sin poner en práctica su energía de forma que la rejuvenezca. Pero no tiene por qué ser así. Y tu vitalidad no depende de la edad que tengas. Cuando aprendas a aprovechar mejor tu energía, con el tiempo puedes empezar a *crecer* en vitalidad.

Doy fe de ello porque he sido testigo de que así le sucede a mi mejor amigo y socio, John Pisani, que ahora sigue las enseñanzas del yoga de Yogananda. Cuando empezó, se estresaba y se cansaba hasta el agotamiento con mucha frecuencia. Pero ahora, pasados unos años, le brillan los ojos y anda con gracia y soltura. Todo él parece más luminoso. El pelo y la piel tienen un aspecto más sano, y posee más energía natural.

Cuando comiences a aprender a servirte de la voluntad para conseguir más y más energía, descubrirás la posibilidad de que necesites menos energía procedente de fuentes exteriores, en especial de los alimentos. Lo he visto sin ningún género de duda en mi propia vida. Cuanto más medito, menos dependiente me siento de la comida. Era de los que se toman su buen plato de lo que toque ese día y, como la mayoría de nosotros, en algunos momentos he recurrido a una buena alimentación que me ayudara a sentirme mejor y más animada.

A medida que voy avanzando por ese camino, me doy cuenta de que controlo mucho mejor mi estado de ánimo, y obtengo tanta energía de la meditación que no voy en busca de algo que comer para sentirme mejor o con más energía, como solía hacer antes. No estoy hablando de comer cuando realmente tengo hambre. Hablo de comer cuando de algún modo intento conseguir que me sienta mejor. En su lugar, ahora hago minimeditaciones a lo largo del día cuando necesito animarme. Me aprovechan muchísimo más que esos caprichos cargados de azúcar a los que de vez en cuando recurría antes.

Es posible que no mejores de inmediato el acceso a tu propia auténtica vitalidad. La práctica significa que esa vitalidad se sigue desarrollando y desplegando con el paso del tiempo. Pero al final, a medida que profundices más en tus meditaciones, es posible que descubras que, como dice Yogananda: «El método mágico de trabajar sin fatigarse consiste en utilizar tu fuerza de voluntad».[10] El ejercicio del capítulo siguiente te enseñará precisamente cómo obtener energía del campo que tenemos a nuestro alrededor y está interconectado con todos nosotros.

Resumen: ayudar a tu central eléctrica interior

Estimulan la vitalidad y el prana	Merman la vitalidad y el prana
La meditación.	Las emociones desenfrenadas.
La serenidad y la calma.	El exceso de tiempo de ocio.
«Digerir tus sentimientos».	La preocupación y el rencor.
Usar tu voluntad para fines que merezcan la pena.	Hablar más de la cuenta.

Capítulo 13

PRÁCTICA: CÓMO RECARGAR TU VITALIDAD

Porque la voluntad es la gran bomba de succión de energía
que, sin que nada se le resista, lleva la energía vital cósmica
a tu cuerpo para renovarlo. Cuanto mayor es la voluntad,
más ilimitada es la provisión de energía en el cuerpo.

—**Paramahansa Yogananda**[1]

Para comenzar, pongamos en primer plano algo importante: cuanta más es la energía que fluye por todo tu cuerpo hasta colmar su capacidad, más será la energía que fluirá a través de tu vida. Esta potente energía es la fuerza que mueve tus creaciones y contribuye a transformar tu vida.

El Kriya yoga se ocupa directamente de la energía y la conciencia, y se centra en el *pranayama*, en el control de la fuerza vital y en la meditación, más que en las posturas físicas, por ejemplo *Virabhadrasana* (postura del guerrero), *Vrikshasana* (postura del árbol) u otras posturas que suelen venirte a la mente cuando oyes la palabra *yoga*.

Sin embargo, como un elemento de la disciplina del Kriya yoga que enseña Yogananda, hay una parte «física» de la práctica que implica usar conscientemente tu voluntad para tensar y relajar diferentes partes del cuerpo, lo cual, como explicaba Yogananda, ayuda a dirigir la energía a esas zonas e intensifica el rejuvenecimiento y la vitalidad en ellas. De entre las prácticas de las que nos hemos ocupado anteriormente, hemos utilizado la de tensar y relajar, pero en este capítulo lo hacemos de nuevo de forma más detallada.

El objetivo de esta práctica no es fortalecer los músculos ni adquirir mayor flexibilidad, sino aprender a dirigir y aumentar en nuestro interior la fuerza vital que el prana representa, sirviéndonos para ello de la voluntad y recargando las células, un proceso que, como enseña Yogananda, es similar al de recargar la batería del coche con un generador.

Pero es importante que, antes que nada, entiendas cómo funciona tu energía. La fuerza vital del prana se mueve por todo el cuerpo de cinco maneras, conocidas como *prana vayus*. *Vayu* significa 'dirección de la energía'.[2]

Prana: Rige la aspiración (energía que fluye hacia dentro) —incluido el aire que inhalamos—, la inspiración y la iniciativa.

Apana: Rige la eliminación, el movimiento descendente y hacia el exterior, incluida la fase de exhalación de la respiración.

Samana: Rige la absorción, la asimilación, la distribución de los nutrientes, el discernimiento y la consolidación.

Udana: Rige el crecimiento y la formación, el habla, la expresión y el movimiento ascendente.

Vyana: Rige la circulación en todos los niveles, además de la omnipresencia y la expansividad.

Lo que sigue es una técnica básica en la que interviene tu voluntad y que te ayudará a dirigir más energía hacia el interior y contribuirá a que goces de buena salud y vitalidad. Yogananda da instrucciones más profundas sobre cómo mover el prana por todo el cuerpo en sus ejercicios de energización, que se detallan en su *Self-Realization Fellowship Lessons*. (Para más información, ver el apartado «Recursos»).

Esta práctica implica generar tensión de forma consciente. La tensión es el resultado de usar la voluntad para transmitir energía a tus músculos. Cuanto mayor sea la tensión que ejerzas, más energía atraerás a tu cuerpo y a zonas específicas de él.

Práctica para recargar tu vitalidad

1. Siéntate en silencio donde suelas hacerlo para meditar, sea cruzando las piernas sobre un almohadón o una manta debajo de las caderas, o en una silla con las plantas de los pies apoyadas en el suelo.

2. Empieza por estirar y enderezar la columna vertebral, relajando la respiración con inhalaciones y exhalaciones largas y profundas.

3. Fija tu intención en ti mismo(a), concretamente en recargar y revitalizar tu cuerpo. Puedes ofrecérselo a la gran inteligencia/ el universo/el amor con que estás conectado(a), o a cualquier otro concepto que te resuene.

4. Practica esta técnica básica de Yogananda:[3]

   En primer lugar expulsa todo el aire de tus pulmones con una prologada exhalación doble (una corta y la otra larga). Después, aspira el aire con una doble inhalación (una corta y la otra larga), llenando los pulmones tanto como puedas pero sin que te suponga una molestia. Retén el aire en los pulmones unos segundos, para que el oxígeno se absorba por completo y se convierta en prana.

Practica este método al aire libre treinta veces por la mañana y otras treinta por la noche. Es muy sencillo. Si así lo haces, te sentirás más sano(a) que nunca. Este ejercicio aporta una gran cantidad de fuerza vital extra y, además, elimina el carbono de tu sangre, fomentando así la serenidad.

5. Cuando termines, sigue sentado(a), descansando unos minutos y respirando profundamente varias veces. Este es el momento ideal para hacer el resto de tu práctica de meditación de la que hablábamos en el capítulo diez.

Capítulo 14

ERES BELLEZA

Debemos cultivar la sabiduría y, a través de nuestra sabiduría, aprender
a amar la belleza de Dios presente en todas las almas y todas las cosas.

—PARAMAHANSA YOGANANDA[1]

LA IDEA DIVISORIA DE LA BELLEZA

Cuatro de mis otros libros llevan en sus respectivos títulos la palabra *belleza*. En mi opinión, es un tema importante, y mi idea de belleza ha evolucionado con los años. En especial cuando empecé a centrarme realmente en aplicar las enseñanzas de Yogananda a todo lo que hago.

Llevo conmigo desde hace muchos años unas particulares palabras suyas: «El alma es absolutamente perfecta, pero cuando se identifica con el cuerpo como el ego, las imperfecciones humanas distorsionan su expresión».[2] Así lo proclama Yogananda, y está en lo cierto. Si nos quedamos con nuestro aspecto superficial, nos vamos a encontrar con multitud de imperfecciones. «¡Fíjate en qué piel más seca tengo!», «¿De dónde ha salido esta espinilla?», «¿Esto es una cana?». Es mucho más que desalentador.

Yo misma he sentido esta frustración extrema. Durante años pensé que no era guapa. Me sentía todo lo contrario: fea y de aspecto raro (de pequeña, era prácticamente la única persona no completamente blanca en una ciudad donde predominaban los caucasianos). Y dependiendo de la época de mi vida, me veía demasiado delgada o demasiado gorda. Como casi todas las mujeres, siempre sufría cuando pensaba en esa pinta mía. Pero sufrir no siempre es malo. Puede ser un impulso para todos los que pretendemos ahondar en el sentido de la vida y, en definitiva, aprender y crecer.

Todo lo que se refiere a la belleza en el sentido habitual de la palabra tiene que ver con la comparación, el contraste y la competencia. No estoy segura de cómo hemos llegado hasta este punto, pero aquí estamos: ocupándonos de la división, no de la armonía. Suele ser una cuestión de subrayar las diferencias, que después lleva a todas las numerosas formas de fomentar la idea de que nunca eres bastante: bastante delgado, bastante en forma, bastante guapo, bastante perfecto y con un pelo suficientemente frondoso.

La idea que hoy tengo de la belleza es muy simple: nada tiene de malo intentar mejorar el aspecto físico, probar productos de belleza y, de paso, divertirte, expresar tu peculiaridad exclusiva experimentando con distintos aspectos. Nada que objetar, siempre y cuando no confundas todo esto con la verdadera *Belleza*.

LA VERDADERA BELLEZA

En esencia, la verdadera *Belleza es* el verdadero *Ser*, de modo que ya eres bello, por definición, porque tú eres el verdadero *Ser*. **Pero lo que hace que la verdadera *Belleza* reluzca es el grado en que la persona está conectada con el verdadero *Ser* de su interior.**

Cuando Yogananda dice: «Vive tranquilamente en el momento y contempla la belleza de todo lo que tienes ante ti»,[3] se refiere a la belleza inespecífica que se extiende por doquier. Incluidos tú y yo. Así que estamos atrapados en la forma y el aspecto, pero esto es una más que diminuta fracción de lo que somos. Y no es lo que hace que seas realmente bello.

Las personas hermosas y que atraen con mayor fuerza son las que se sienten más cómodas consigo mismas y se aceptan como son. Conocen el secreto que está a la vista de todos: que son mucho más que la superficie. Están en contacto y conectadas con la verdadera esencia de lo que son debajo de esa superficie, utilicen o no ellas mismas estas palabras. Se muestran con total naturalidad, sin que importe si sus facciones están bien definidas ni si llevan o no un maquillaje reluciente, porque están en armonía consigo mismas.

Cuando ahora oigo la palabra *belleza*, las mujeres en las que pienso, mujeres que son tan hermosas que literalmente hacen que se me asome alguna lágrima, son, entre otras, Jane Goodall, Anandamayi Ma, Eleanor Roosevelt y Maya Angelou. Su permanente belleza, que no se somete al tiempo ni al espacio, no tiene nada que ver con su aspecto exterior. Seguro que te divierte ver algunas fotos hermosas en Instagram, pero yo, para la vida real, elegiría la belleza atemporal, auténtica y más profunda. El tipo de belleza que se intensifica una y otra vez y cobra mayor interés a medida que pasa el tiempo, como un jardín que va creciendo y adquiriendo forma. ¿No crees que es lo correcto?

La verdadera *Belleza* es *muy* distinta de lo que nos han dicho que es la belleza. La Verdadera Belleza no tiene forma. Es una energía. Eres pura energía, y la belleza que llevas dentro es tu energía, tu exclusiva expresión de la fuerza vital. Eres hermoso porque tú eres tú y la expresión única de la energía de tu interior. Y punto.

Cuando somos nosotros mismos de forma natural, hemos conectado con nuestro verdadero *Ser*. No pretendemos ser algo que no somos, no intentamos hablar como otra persona ni parecernos a ella. Esto significa que estamos profundamente conectados con la esencia interior. Y esa esencia es una manifestación exclusiva de lo Divino. No existe otra manifestación del Espíritu que se parezca a ti. Eres completamente único. Eres la energía y la luz que habitan debajo de todo lo que posee fuerza y hermosura en la superficie, y es bello por definición. No por su aspecto, aunque es obvio que algunas personas poseen, también, una belleza física, lo cual es fantástico. Eres hermoso cualquiera que sea tu aspecto. Eres bello porque eres realmente quien eres.

Yogananda nos exhorta a que sigamos el camino de «la sabiduría, la belleza y el amor».[4] Sitúa la belleza, en este sentido, en la misma categoría que la sabiduría y el amor. Habla también de la belleza infinita del Espíritu. Esta es la auténtica belleza, el tipo de belleza que te colmará de tanto amor el corazón que dejarás de reprenderte por tu aspecto o renegar de él, dejarás de lamentar lo estúpido, o aburrido o gordo que eres. Porque por fin sabrás que *eres* la belleza del Espíritu. Hasta ahora, has intentado «conseguir» ser bella o bello, como quien trata de alcanzar el amor o la aceptación de los demás. En todo ese tiempo, no tenías más que dirigir la mirada a mayor profundidad para darte cuenta de que la belleza que siempre has estado persiguiendo está aquí mismo, en este preciso instante.

CAMBIAR EL FOCO

Cuando te das cuenta de que la auténtica belleza es esta, empiezas a dirigir el foco de tu atención en otro sentido. Es un cambio que se produce de forma natural, por lo que no has de preocuparte demasiado al respecto. Es como observar que lo que le interesa a mi hijo mayor pasa de ser jugar con camiones de la basura a aprender las complejidades de los dinosaurios, además de los nombres de especies particularmente difíciles de recordar (como *Paquicefalosaurio* y

Succomimus). No hay en ello nada forzado; simplemente un cambio natural de energía y de foco.

Cuando empiece a producirse este cambio, aún seguirá preocupándote tu aspecto. Pero ya no le dedicarás tanto tiempo. Te seguirá importando, pero no será relevante. En vez de no pensar en otra cosa que no sea tu imagen, le dedicas cierto tiempo para pasar después a ocuparte de conectar con tu verdadera belleza a través del verdadero *Ser*. Te reservas más tiempo para la calma y la meditación. Tus prioridades cambian.

¿Cómo se observa esto en el mundo real? Me pondré a mí misma de ejemplo. Al levantarme por la mañana, sigo utilizando productos de alta calidad y excelentes resultados para el cuidado de la piel (unos productos que yo misma me preparo), de modo que sí: aún me encanta cuidar mi piel y le dedico su tiempo, porque quiero lucir una piel tan sana como sea posible. En el camino hacia la iluminación, puedes seguir preocupándote de las pequeñas arrugas y otros cambios de la piel. Son dos anhelos que no se excluyen mutuamente. Yo me pongo un poco de maquillaje, aunque no tanto ni con tanta frecuencia como solía hacerlo antes. Después paso enseguida a otra cosa.

Relajarse en lo que se refiere a nuestro aspecto y nuestra imagen exterior, porque sabemos que somos muchísimo más que eso, es uno de los indicios de que empezamos a conectar con nuestra Verdadera Belleza. Como en mi caso, esto no significa que no te ocupes de tu aspecto físico o no quieras cuidar de tu imagen para la persona a la que quieres ni sentirte guapa o guapo al salir a la calle. Pero sí que significa relajarse. ¿A quién queremos impresionar realmente? Sabes que eres más que tu imagen exterior. El místico sufí Rumi también nos recuerda algo muy importante (en especial para las mujeres) cuando dice: «No soy este pelo, no soy esta piel, soy el alma que habita en mi interior».

Ahora bien, es posible que te cueste aceptar todo esto, sobre todo porque el mundo es tan dado a criticar. Pero piensa que el mundo siempre te va a juzgar. Esto es lo que hacen el mundo, la sociedad, las otras personas. Forma parte de lo que nos hace humanos. Llegará un día en que todos seamos capaces de alcanzar estados de vida superior y abracemos al verdadero *Ser*, y las cosas podrán ser distintas, pero las personas no dejarán de asediarte continuamente. Es en parte un mecanismo de defensa que se remonta a cientos de miles de años. ¿Eres una amenaza potencial? ¿Eres un aliado potencial?

Pero la permanente evaluación de nosotros mismos y de los demás puede provocar mucho sufrimiento. Deja de aumentar este caos e intensificar esta actitud, siendo para ello más amable contigo y con los demás y restando acritud a tus juicios. Sé que las heridas que nos causa nuestra imagen pueden ser profundas, pero si te centras más en la realidad de que eres hermoso tal como eres —como lo es la persona con quien te cruzas por la calle, que ves en la televisión o que guarda la cola en el supermercado—, cada vez te aceptarás más y más. Lo que sigue es una forma de ayudarte a conseguirlo.

Autorreflexión: ver tu verdadera *Belleza*

Mi profesor ayurveda, Vaidya Jay, me enseñó la práctica de mirarse al espejo como parte del ejercicio de la mañana, y de la que se habla en el antiguo texto *Bhavaprakash*. Al principio pensé: «Elemental. Todos nos miramos al espejo todos los días».

Pero en realidad no es elemental. Es una manera contundente de conectar con tu verdadera *Belleza*. Además de la meditación –que, por enésima vez, diré que es una forma excepcional de conectar con tu verdadero *Ser* y, por consiguiente, tu verdadera *Belleza*–,

6t

---

mirarse al espejo es otra práctica que recomiendo para acceder a tu exclusiva belleza desde las profundidades del alma.

¿Sabes una cosa? Cuando la mayoría de nosotros nos miramos al espejo, es posible que nos fijemos en el pelo, en si tenemos algo pegado a los dientes, o que nos apliquemos algún maquillaje. Nadie se mira realmente a los ojos, al menos no de forma habitual. Con el tiempo, esta práctica te puede ayudar a estimular la autoestima. Te puede aportar mucho, en especial al principio, cuando no estás acostumbrado(a) a mirarte de verdad. Al final empezarás a conectar y sentir mayor amor, mayor compasión en tu interior y hacia ti mismo(a). Es posible que te des cuenta de que aún no te conoces de verdad, porque nunca habías conectado realmente con tu verdadero *Ser* y tu verdadera *Belleza* hasta este momento. Puede que te extrañe que la luz de tu energía te sobresalte y que, efectivamente, dentro de ti haya una belleza intensa y radiante.

Vayamos a la práctica:

1. **Busca un espejo donde puedas verte como mínimo toda la cara y con el que te sea cómodo sentarte delante y cerca de él, digamos a unos 60 centímetros.** Puedes usar un espejo de mano, acercar una silla o sentarte en el suelo ante un espejo de cuerpo entero.

2. **Échate el pelo hacia atrás.** Si lo llevas largo, aparta el pelo de los ojos, que suele taparnos la cara e impide que nos veamos completamente. Deja de lado lo que puedas pensar de ti mismo(a) y de cualquier parte de tu aspecto físico.

3. **Empieza a conectar.** Ahora empieza a mirar profundamente a tus ojos. Al principio, es posible que pases rápidamente de un ojo al otro sin fijarte debidamente. No importa. Primero, concéntrate en el ojo derecho y respira profundamente varias

veces. Intenta no parpadear más de lo habitual. Recuerda que estás a salvo y que eres una persona querida.

A continuación, céntrate en el ojo izquierdo y reenfoca la mirada en él. Respira profundamente varias veces y deja que el cuerpo se siga relajando. Observa cualquier diferencia que pueda haber entre los dos ojos. Respira despacio, profunda y sistemáticamente. Sigue con este ojo un rato y después vuelve al derecho. Y así varias veces.

Es posible que al principio no lo acabes de entender, pero sigue con la práctica por lo menos dos minutos. Poco a poco puedes pasar a cinco o diez minutos.

4. **Fíjate bien.** ¿Qué se supone que vas a ver? Tu verdadero *Ser*. La luz interior. Tal vez sea la primera vez que te miras con tanta atención. Es posible que te dé miedo hacerlo. También puedes observar indicios de heridas, penas y sentimientos no resueltos que empiezan a burbujear (como me ocurrió a mí la primera vez que hice esta práctica). No dejes que nadie se meta en tu espacio y sigue recordándote que estás a salvo y que cuentas con el apoyo y el cariño de otras personas. Recuerda asimismo que eres mucho más de lo que refleja tu aspecto, mucho más que la superficie.

Es posible que empieces a sentir una enorme compasión hacia ti mismo, hacia ti misma. Puedes empezar a conectar con el ser inocente y amable que llevas en tu interior. Puedes comenzar a sentir autoestima, tal vez de verdad por primera vez. También es posible que al principio realmente no conectes demasiado. Tampoco importa. Pase lo que pase, limítate a observarlo y sigue con la práctica. Si la mirada se aparta de tus ojos, ponla de nuevo en ellos. Algunos practicantes ayurvedas recomiendan hacer esta práctica todas las mañanas aunque sea brevemente un par de veces, para conectar con el verdadero *Ser* antes de empezar la jornada. Mi recomendación es hacerla al menos una vez a la semana o en semanas alternas.

También puedes mirarte de pasada en el espejo por la mañana. Mírate directamente a los ojos durante unos segundos, intenta ver a tu *Ser* más profundo, y dite que te quieres, que amas la luz de tu interior.

TERCERA PARTE

Capítulo 15

ERES MAGNETISMO

¿Por qué cuando hablan determinadas personas todo el mundo se
queda embelesado, mientras que otras pueden hablar de lo mismo sin
que a nadie le interese lo que digan?
[...] ¿Cuál es el secreto de tal poder? Se llama magnetismo.

—PARAMAHANSA YOGANANDA[1]

TU POTENCIAL MAGNÉTICO

Recuerdo que la primera vez que jugué con unos imanes fue en clase de primero con la señorita Robinson. Me asombraba ver que podías hacer que un imán se moviera simplemente teniendo otro en la mano en un determinado ángulo. Unas veces los imanes pueden atraer y otras veces pueden repeler, pero lo que me fascinaba era la energía invisible que provocaba ese movimiento, y cuando giraba los imanes que llevaba en la mano, me sentía como una maga.

Imagina que pudieras aprender a ser como un imán y atraer a tu vida todo lo que quieres. Significaría que no tendrías que empujar ni tirar; no tendrías que esforzarte ni estresarte. Simplemente podrías atraer hacia ti a personas buenas, situaciones útiles y oportunidades de oro.

En realidad, no tienes que imaginarlo. Todos y cada uno de nosotros tenemos la capacidad de traer la felicidad y la prosperidad a nuestra vida. Solo se necesita un poco de práctica y conocimiento sobre cómo acceder al potencial magnético de tu interior. Cuando aprendas a desarrollar tu propio magnetismo natural, empezarás a atraer cosas positivas, como la buena suerte, oportunidades ilusionantes y gente que te llevará a experiencias de grado superior.

Y cuando entiendas un poco tu cualidad magnética personal, también empezarás a darte cuenta de que puedes ahuyentar a buenas personas e impedir que te ocurran cosas de provecho, exactamente como el imán invertido que aleja a los otros imanes. Dice Yogananda: «Por el magnetismo del alma, el magnetismo espiritual de la persona, esta atrae amigos y objetos deseados, y adquiere conocimientos profundos».[2]

Uno de mis ejemplos personales más impresionantes de que soy magnética fue cómo conecté por primera vez con Deepak Chopra en persona. Mi tercer libro, *Solución detox para la belleza natural*, fue el punto en que escribir y mi trabajo empezaron a dar un giro filosófico y espiritual. Deepak siempre ha sido para mí un modelo de cómo conectar la filosofía oriental y la occidental. Había leído muchas de sus obras y pensé que era la mejor persona posible para que este nuevo libro me diera un impulso renovado.

Remití el libro a su equipo, y esperé y esperé. Mantuve una actitud positiva sin cejar en mi empeño y después de meses de intentar establecer contacto, por fin su equipo me comunicó que le había encantado el libro y estaba de acuerdo en promocionarlo. Me quedé perpleja, pero también pensé que él y yo estábamos destinados a colaborar aún con mayor profundidad. Me concentré en qué podía ser y, cuando lo tuve realmente claro (hablaré después de cómo hacerlo), me sentí muy agradecida y contenta ante las nuevas perspectivas. Durante este tiempo, fui profundizando más y más en mi práctica y el trabajo sobre mí misma, liberándome de sentimientos no procesados que me suponían una auténtica carga. Progresivamente me fui sintiendo más ligera y conectada conmigo y con todo lo demás.

Pasaron unos meses. Vivía por entonces en Nueva York y me dirigía a pie a un encuentro en Gramercy Park desde mi apartamento de West Village. Normalmente hubiera acortado por Union Square, que era el camino lógico para llegar a mi destino. Sin embargo, ese día, por alguna razón que no sabría explicar, me sentí fuertemente empujada a dirigirme hacia el oeste del parque y dar todo un rodeo. ¿Y con quién me topé y sentí como si alguien me abofeteara? ¡Con Deepak Chopra!

«¡Deepak, soy yo, Kimberly! ¡Acabas de revisar mi libro!», le solté emocionada. Aunque nunca nos habíamos visto en persona, Deepak se comportó con una calidez increíble. El encuentro hizo que me sintiera tan dichosa como había imaginado. Estuvimos charlando, y bastó con esa colaboración para que empezáramos a trabajar juntos en vídeos y otros materiales. Al final escribimos un libro, *Belleza radical: los seis pilares para la salud integral*. Si en algún momento dudé de que exista el magnetismo, después de ese día nunca volví a hacerlo.

CÓMO SER UN IMÁN

Así pues, ¿cómo accedes a la cualidad magnética que forma parte de tu verdadero *Ser*? Tu verdadero *Ser* es la personificación de todos los sentimientos de alta vibración. Atraes las cosas buenas de la vida mediante sentimientos positivos y de alta vibración como el amor, la alegría, la amabilidad, la paz y la gratitud. En el extremo opuesto, repeles lo que quieres debido a sentimientos negativos y de baja vibración, como la ira, la envidia, los celos, el odio, el miedo y la tristeza crónica.

Puedes decir que quieres un trabajo nuevo y que te apasione pero, si te mueves con indolencia y sin la fuerza suficiente, es muy difícil que la carrera de tus sueños se manifieste en tu vida. La energía negativa y depresiva repele lo que quieres y, en su lugar, sin que te des cuenta, te puede atraer a todas las personas, situaciones y cosas que *no* deseas. Un ejemplo: supongamos que quieres montar un buen negocio. Si eres dado a juzgar y criticar a los demás, tu energía aparta literalmente de ti a las personas que puedas necesitar: buenos directores, trabajadores y clientes. Los sentimientos de baja vibración crean en tu vida unos patrones de energía que te limitan e impiden que prosperes. De tal palo, tal astilla. Como dice Yogananda: «Aquellos cuyos pensamientos son inarmónicos, siempre se encontrarán con la ausencia de armonía».[3]

Me imagino lo que estarás pensando. Las expresiones *alta vibración* y *baja vibración* tal vez te recuerden a esa amiga de ideas vagas que te persigue diciéndote que te manda «buenas vibraciones». Pero hay estudios científicos que señalan que las vibraciones desempeñan un papel fundamental en nuestra vida. Investigadores de la Universidad de California, en Santa Bárbara, han formulado una «teoría de la resonancia de la conciencia», que se basa en datos de los campos de la neurociencia, la biología y la física.[4] Según dicha teoría, la resonancia —que es otra forma de referirse al hecho de «estar en sintonía»— está no solo en el corazón de la conciencia humana, sino en el de la realidad física en general.[5]

Desde un punto de vista científico, el fenómeno de la «autoorganización espontánea» se refiere al momento en que las frecuencias empiezan a sincronizarse. En su libro *Sync: How Order Emerges from Chaos in the Universe, Nature and Daily Life* [Sincronía: cómo el orden emerge del caos en el universo, la naturaleza y la vida cotidiana], Steven Strogatz pone varios ejemplos de la física, la biología, la química y la neurociencia para ilustrar lo que él denomina

Sync (sincronía), donde las frecuencias empiezan a concordar.[6] Un ejemplo es el de la gran cantidad de luciérnagas de determinadas especies que se juntan y empiezan a despedir luz en mutua sincronía (esto me recuerda a los *flashmobs*: grupos de personas que, de forma espontánea o por convocatoria en las redes sociales, se reúnen en un espacio público para bailar al son de una determinada música y con una coreografía específica).[7]

Estudios realizados por el Instituto HeartMath, basados en diferentes pruebas fisiológicas como las ondas cerebrales, la conductividad de la piel, el corazón, la presión arterial, los niveles de hormonas y el ritmo cardíaco, han descubierto que los sentimientos estresantes o agotadores, como la frustración y el agobio, provocan un trastorno que se refleja a través de prácticamente todos los sistemas corporales.[8]

¿Cuál es pues la relación de todo esto con el magnetismo personal? Bien, los sentimientos tienen frecuencias. Podemos sintonizar con cómo experimentamos determinados sentimientos en nuestro cuerpo. Observarás que cuando vives estados de amor y alegría, te sientes «más ligero», lo cual indica una vibración superior. Cuando tienes sentimientos negativos, por ejemplo ira u odio, en tu cuerpo los sentirás densos, señal de vibraciones más bajas. La obra de David R. Hawkins, doctor en Medicina y diplomado en Investigación, a quien mencioné antes en el capítulo doce, intenta aplicar a nuestros sentimientos análisis científicos que se puedan medir.

Hawkins desarrolló lo que denominó «escala de conciencia», que utiliza una técnica de prueba muscular llamada «kinesiología aplicada».[9] Básicamente, esta práctica de la medicina alternativa mide la reacción de tu cuerpo a los sentimientos, a cada uno de los cuales asigna un número de una escala. La paz, la alegría y el amor ocupan los primeros puestos, mientras que la apatía, la culpa y la vergüenza van a la cola. La felicidad y la satisfacción aparecen cuando vivimos principalmente con los sentimientos del punto más alto de la escala.

Ahora bien, esto no significa que nunca debas sentir estas emociones bajas o negativas. Como seres humanos que somos, estamos destinados a vivir altibajos, pero tenemos que buscar un equilibrio, y para ello hemos de sentir nuestras emociones, procesarlas y después dejar que se vayan. Es como una saludable digestión emocional.

Diversos estudios avalan la obra de Hawkins y la hipótesis de que los estados de ser razonables, que se caracterizan por la alegría, la paz, la comprensión y la gratitud, contribuyen a que el cerebro y el sistema nervioso funcionen adecuadamente e influyan de modo positivo en tus percepciones, emociones, intuición y salud. En otras palabras, cuando tu cerebro y el resto de tu cuerpo funcionan mejor y con mayor coordinación, te sientes mejor y rindes mucho más.[10]

Según el Instituto HeartMath, la forma de disfrutar de períodos de coherencia más sostenidos es «autogenerando activamente sentimientos positivos».[11] Y la manera de generar más alegría, paz y comprensión de modo auténticamente sostenible es mediante la práctica continuada de la meditación. Así que, como puedes ver, todo empieza a encajar.

Es posible que acostumbres a preguntar: «¿Por qué está hoy tan contento?» al ver a alguien realmente feliz. «¿Tal vez le haya tocado la lotería o acaba de comprometerse en matrimonio?», te dices. Estamos condicionados a pensar que la energía feliz y alegre deriva de algo que está fuera de nosotros mismos. Pero los sentimientos de alta vibración «autogenerados» realmente proceden de tu interior. Y, en vez de confiar en comprarte un bolso nuevo, o en algún cumplido, o en un ascenso en el trabajo, para generar estos sentimientos que residen dentro de ti, empiezas a darte cuenta de que no los puedes propiciar con nada que no seas tú mismo. Y, claro está, siguiendo tus técnicas de meditación.

A continuación te propongo algunos ejercicios con los que llenar de energía tus capacidades magnéticas.

Práctica para la manifestación del magnetismo

Puedes hacer esta práctica cuando preveas que vas a encontrarte en una situación en la que quieras ser particularmente magnético(a). Puede ser una fiesta, una reunión, una cita para cenar, una entrevista…, cosas así. El ejercicio te ayudará a alcanzar el estado vibratorio más alto posible, de modo que reboses de esa poderosa fuerza que te ayudará a atraer lo que quieras en tu vida. Solo requiere unos minutos, pero es un instrumento sumamente útil de los que siempre debes tener a mano. Yo suelo hacer esta práctica antes de grabar algún pódcast.

1. Para empezar, sacude las manos, el cuerpo y/o la cabeza varias veces. Imagínate que te estás sacudiendo cualquier energía o pensamiento negativos, la pesadez de la jornada o cualquier cosa que pueda haber ocurrido antes y que te haya molestado o preocupado.

2. A continuación, cierra los ojos y respira profundamente varias veces. Observa tu respiración y date cuenta de que empieza a ralentizarse.

3. Ahora, pon toda tu atención en el corazón. Concéntrate en tres palabras: *amor, paz* y *alegría*. Percibe estos sentimientos en el corazón. Utiliza la voluntad, como nos enseña Yogananda, para dirigir la energía hacia tu corazón y genera estos

sentimientos hasta que realmente notes su presencia. Es posible que te sientas desconectado(a) de estos sentimientos en tu propia vida. Si es así, piensa en una escena divertida (aunque sea cursi) de alguna película donde los personajes encarnen estos sentimientos y trabaja con esto.

Una vez que sientas estas emociones en tu corazón, imagina que salen de él y se difunden por todas partes, a todas las células de tu cuerpo, como si se abrieran las compuertas de una presa y el río fluyera libremente. Siente la calidez de estas emociones al paso que te van llenando. A mí me gusta imaginarlo como una cálida luz blanca.

4. Cuando te sientas completamente empapado(a) de estos sentimientos de alta vibración, junta las manos en posición de rezar, ponlas sobre el pecho y dedica un momento a dar gracias. Reconoce lo bueno de tu vida y cualquier cosa específica que se te ocurra. La gratitud es un estado de alta vibración, de modo que también aumentará tu magnetismo.

¡Bien, ya estás listo(a)! Pasa a la acción. Ahora te encuentras en el estado de mayor vibración para avanzar (a dondequiera que desees hacerlo).

LA LIBERTAD

Los grandes santos y yoguis tenían tal magnetismo que sus seguidores los buscaban. Por ejemplo, el gran maestro del Kriya yoga Lahiri Mahasaya regresó a su casa de Varanasi después de recibir Kriya yoga por primera vez del gran yogui Babaji en un bosque. Intentaba llevar una vida tranquila, pero las multitudes comenzaron a reunirse a su alrededor sin que él lo pretendiera ni hiciera esfuerzo alguno para que así fuera. En *Autobiografía de un yogui*, Yogananda dice:

«Al igual que es imposible eliminar la fragancia de las flores, Lahiri Mahasaya, que vivía tranquilamente como un inquilino ideal, no podía ocultar su gloria innata. Enjambres de devotos provenientes de todas partes de la India empezaron a buscar el néctar divino de su maestro liberado».[12]

Observa que en esta cita Yogananda se refiere al gran santo como un «maestro liberado». Mientras trabajes hacia tu propia liberación, tu libertad, tu capacidad de ser magnético adquieren más fuerza. Te liberas de sentirte pequeño, tímido y limitado. Y entonces pasas a ser como una baliza que con su luz ilumina un camino para otros y que dirige hacia ti a las personas y las oportunidades con naturalidad y fuerza.

Otras formas prácticas de conseguir mayor magnetismo en tu vida

1. **Habla solamente desde tu alma.** Yogananda enseñaba que si hablas poniendo en tus palabras toda la fuerza de tu alma, las personas se te acercarán para escucharte. Esto significa hablar con sinceridad, humildad y pasión. Hablar directamente desde el corazón.

   Creo que una de las razones de que mi marido, Jon, sea tan magnético y que la gente se le acerque en manada a escuchar lo que tenga que decir es que es una persona completamente auténtica. Cuando habla, dice la verdad, y nunca intenta ocultar nada. Irradia fuerza, y en esta especie de energía libre, otras personas se pueden relajar y ser ellas mismas. En un cumpleaños reciente, formé un círculo (como el que mencionaba en el capítulo seis, «Eres plenitud») con algunos de nuestros amigos, y cuando estos iban diciendo unas palabras sobre Jon, casi todas se referían a su autenticidad y su integridad.

Los demás observan lo que dices y cómo te comportas. Proclama tu verdad desde un punto conectado situado en las profundidades de tu interior y, también, con amabilidad y comprensión, y verás cómo aumenta tu magnetismo.

2. **Escucha con atención.** Dedícate ante todo a escuchar y habla solo cuando tengas algo que realmente quieras compartir, y no solo para evitar el silencio ni porque estés nervioso(a) y tengas la costumbre de hacerlo. Te hablé de ello brevemente en el capítulo doce porque está relacionado con el hecho de ser una central eléctrica, y también es relevante aquí: hablar demasiado en realidad puede mermar tu magnetismo. Hablar sin parar quema mucha de tu energía y, además, las vaguedades suelen ser completamente superficiales. Reserva tus palabras para cuando de verdad tengas algo que decir, y así, cuando hables, estarán cargadas de sentido y de fuerza.

3. **Mira a tu interior.** La autoconciencia es un aspecto muy importante de este camino. Muchos capítulos de este libro incluyen reflexiones para que puedas fijarte en cómo estas enseñanzas se aplican a tu propia vida. Has de seguir analizándote a diario para que puedas dejar de vivir de acuerdo con reacciones y patrones antiguos e inconscientes, y comiences a acometer el camino de tu verdad. Nadie tiene mayor magnetismo que quien anda por su camino.

4. **Utiliza tu voluntad para crear.** Yogananda enseñaba que cuando usas tu voluntad para crear en el mundo, dondequiera que pongas el foco, estás desarrollando tu magnetismo. La razón es que cuanto más usas tu voluntad, más diriges el prana, o fuerza vital, a fortalecer tu voluntad. Más voluntad equivale a más energía, la cual, por su propia naturaleza, tiene mayor

magnetismo. Piensa en lo siguiente: ¿te atrae más la persona animosa que intenta conseguir algo en el mundo o aquella que se apoltrona en el sofá y lo único que te puede recomendar es que te des un atracón de alguna serie que pongan en la tele? Los dos sabemos la respuesta.

5. **Asimila el magnetismo de los santos y de otras grandes personas.** Decía Yogananda que cuando medites y reces, has de sentir que los santos u otras figuras o personas espirituales a las que admires pueden transmitir parte de su magnetismo a tu vida. Entre estas personas puede haber también otras figuras inspiradoras aunque no tengan nada que ver con la santidad, por ejemplo Justice Ruth Ginsburg, tu abuela, Harriet Tubman, Martin Luther King Jr., Ralph Waldo Emerson, etc.
   Procura crear en tu casa un pequeño espacio de meditación o una especie de altar o punto focal, donde puedas reunir objetos que signifiquen mucho para ti. Acuérdate de incluir algunas fotografías de personas que te inspiren de modo especial, y así disponer de un punto de referencia visual. En mi espacio tengo fotografías de Yogananda, de los demás yoguis de Kriya yoga, de Jesús y figuras de Buda, por lo que a mi casa no le falta ni la más mínima inspiración magnética.

6. **Crea el ambiente adecuado.** El ambiente del que te rodees tiene una importancia capital, porque va a influir en tu energía y tu magnetismo. Yogananda nos instaba a que nos juntáramos con gente positiva, tranquila, que sepa controlarse y te sirva de ejemplo de otras cualidades que admires. También puede ayudar sintonizar con la energía de personas que sean íntegras y tengan éxito en el campo en que también tú quieras prosperar. Por otro lado, evita a quienes te dejan con un sentimiento negativo o de pérdida, o simplemente abatido(a) en algún sentido. Fíjate bien en las personas de las que te rodeas. ¡Siempre!

A veces he tenido que imaginar cómo evitar, con cuidado y mucho tacto, estar rodeada de determinados individuos. Procuro hacerlo con amabilidad, recordándome que al proteger mi energía, puedo servir más y mejor en el mundo.

7. **Sigue un estilo de vida que contribuya a que alcances lo que te propongas.** En la práctica, debes mantener tus hábitos de vida de forma que te permita proteger las fuerzas vitales de tu cuerpo. Por ejemplo, sobrecargarte con un exceso de comida te reduce la fuerza vital y el magnetismo. Asegúrate de que comes solo lo que necesitas, sobre todo alimentos vegetales, más ligeros y de fácil digestión. No graves en exceso a tu cuerpo con drogas y alcohol. Si no tienes cuidado, a veces es fácil que esa copa al finalizar la jornada acabe siendo unas cuantas más. Has de ser tu propio gestor personal de tu estilo de vida y, cuando percibas que algo no está equilibrado, hacer los ajustes necesarios.

Capítulo 16

PRÁCTICA: CÓMO HACER AFIRMACIONES DE MODO EFICAZ

Las palabras colmadas de sinceridad, convicción, fe
e intuición son como bombas de vibración altamente
explosivas que, una vez activadas, hacen añicos las piedras
de las dificultades y generan el cambio deseado.

—PARAMAHANSA YOGANANDA[1]

EL PODER DE TUS PALABRAS

Comprender que todos somos poderosos creadores es uno de los principios fundamentales de las enseñanzas de Yogananda. El verdadero *Ser* está siempre creando. Y una de las formas más fáciles y eficaces de dirigir esta energía es mediante el poder de las palabras que utilices.

Con una población mundial de casi ocho mil millones de personas, hoy las palabras abundan más que en ningún otro momento de la historia. En este preciso instante hay millones de personas conversando, en cualquier parte del mundo. Hoy se editan más libros y revistas y se producen más películas que nunca. ¿E Internet?

En la Red se puede usar perfectamente un número infinito de palabras –buenas y malas– que contribuyen a formar un ciclo interminable que crece de manera exponencial. Y, lamentablemente, con todo este parloteo que se produce minuto tras minuto y día tras día, es imposible comprender todas las palabras que se abalanzan sobre nosotros. Y así, esa cháchara pasa a ser un tremendo ruido y comienza a parecerse al *bla, blaa, blaaa* de la maestra de Charlie Brown.

Todos hemos oído en algún momento que *hablar es muy fácil*. Normalmente quiere decir: «No me voy a creer lo que me dices si no me aportas pruebas»; también indica que las palabras han perdido su valor en muchos sentidos. Hablamos distraídamente, llenamos con palabras los espacios vacíos, mantenemos conversaciones de cuyo objetivo inicial no nos acordamos o nos limitamos a charlar sin realmente detenernos a pensar un poco lo que estamos diciendo.

Sin embargo, las palabras tienen un extraordinario poder creativo, en especial cuando se usan de modo consciente y con una determinada finalidad. «Te quiero», «Triunfaremos», «Nunca te rindas»: estas frases contienen una fuerza y una belleza que nos motivan y ayudan a madurar. No obstante, como ocurre con todo poder creativo, las palabras cumplen una doble función: pueden construir y pueden demoler. Sin darnos cuenta, la mayoría lo damos por sentado; de lo contrario, por qué íbamos a decir con indiferencia: «Soy un fracasado», «Estoy gordo, como una bola de grasa», «Ya no quedan hombres o mujeres para mí», o «Todo esto es un mal sueño, y no va a funcionar».

Las palabras contribuyen a crear tu realidad del día a día. Nunca he conocido a una persona de éxito que continuamente esté hablando mal de sí misma. De hecho, cuando tú mismo te desacreditas, estás sembrando las semillas de la confusión y la adversidad. En resumidas cuentas: eres tú quien da vida a las palabras que piensas y dices.

MITOS DE LA PALABRA

La idea de las afirmaciones lleva más de cien años en el aire en círculos que se autoalimentan. Y, por desgracia, han tenido mala reputación debido a la completa ineficacia del modo en que se usan: de manera informal y sin una dirección precisa.

Si te sientas en cualquier sitio y dices cosas del estilo «soy rico» sin sentimiento alguno ni una determinada intención, las afirmaciones son una pérdida de tiempo. En última instancia, te estás mintiendo. Nadie de tu alrededor te cree, y mucho menos tú. Y lo más importante: tu desapasionada intención de expandir tu vida se enfría y languidece.

A la mayoría no nos han enseñado cómo hacer realmente afirmaciones de forma plena y con toda su fuerza. Por esto, cuando resulta que no funcionan, las desechamos como a unos viejos calcetines que han perdido elasticidad y, de paso y sin darnos cuenta, renunciamos a una técnica increíblemente eficaz que puedes emplear para expresar lo que quieres.

EL PODER DE LAS AFIRMACIONES DEBIDAMENTE PRACTICADAS

Yogananda tenía mucho que decir sobre el poder de hacer afirmaciones adecuadamente. Asegura: «Esta es la razón de que todas las afirmaciones de la mente consciente deben impresionar lo suficiente para que impregnen el subconsciente, que, a su vez, influye de forma automática en la mente consciente [...] Las afirmaciones de mayor fuerza no solo llegan a la mente subconsciente sino también a la superconsciente: el mágico almacén de poderes milagrosos».[2]

Así pues, hacer afirmaciones adecuadamente consiste simplemente en recitar una serie de frases. Tampoco significa negar el poder de tus palabras diciendo: «Estoy sano y en forma» cuando en realidad piensas: «Vale, de acuerdo. Pero esto no funciona. En realidad soy la viva imagen de quien no está en forma». Cuando combinas las palabras con una intención comprometida y un fuerte sentimiento, unes esa energía con cada palabra que digas.

La verdad de esto la ejemplifica a la perfección mi amigo Dan Buettner, miembro de National Geographic y fundador de Blue Zones, una organización que enseña a las comunidades a emular a las cinco regiones del mundo donde la gente vive mucho más de lo habitual. Le pregunté si utiliza las afirmaciones para sus hazañas y me contó:

En un momento de arrebato, o quizá de exceso de tequila, le dije a un amigo que iba a recorrer África en bicicleta, una afirmación poco usual. Empecé a informarme sobre la ruta: cruzar el Sáhara, seguir en paralelo al ecuador a través del Congo, luego ascender al Kilimanjaro, el Serengueti y bajar hasta Ciudad del Cabo. Y estaba muy ilusionado. Fui contando mis planes a más gente e hice que también se ilusionaran con la idea. En poco tiempo tenía tres compañeros de equipo y quince patrocinadores. Finalmente, partimos de la playa del norte de Túnez.

Pero la historia no acaba aquí. Recorrimos unos tres mil cuatrocientos kilómetros hasta el desierto, donde la carretera terminaba y teníamos que enfrentarnos al inclemente desierto abierto. Lo fácil hubiera sido dar marcha atrás. Pero seguimos. En el Congo, apenas conseguimos comer algo. Enfermamos de malaria, disentería, lombrices intestinales y giardasis. Nos quedamos en los huesos, estábamos sedientos y nos sentíamos derrotados. ¿Qué nos empujó a seguir? Esa misma declaración que me puso en marcha. Pero ahora había adquirido otro tipo de poder. Se lo había prometido a los patrocinadores y a los amigos que confiaron y creyeron en nosotros.

Lo que había empezado como una afirmación se había transformado ahora en la resolución de no defraudar a nadie. ¿Y sabes qué? Fue para nosotros todo un acicate. El 10 de junio de 1993, después de casi veinte mil kilómetros, entrábamos con nuestras bicicletas en Ciudad del Cabo, con lo que conseguimos el récord Guinness de recorrido en bicicleta. La lección: ten cuidado con lo que anuncias en un momento de entusiasmo.

Conclusión: la afirmación más la fuerza de voluntad llevan a la transformación. Así que no te limites a recitar tus afirmaciones; vívelas de verdad.

Yogananda fue pionero en la ciencia de la afirmación y empezó a enseñar la técnica mucho antes de que pasara a ser una práctica actual. Estas son algunas de sus orientaciones: «Decide tu afirmación y repítela al completo, primero en voz alta y después de forma progresivamente más lenta y silenciosa, hasta que tu voz pase a ser un susurro. Después, repítela solo mentalmente, sin mover la lengua ni los labios, hasta que sientas que has conseguido concentrarte profundamente y sin interrupciones (no la inconsciencia, sino una sólida continuidad de reflexión ininterrumpida). Si sigues con tu afirmación mental, y profundizas aún más, notarás una sensación de mayor alegría y paz. Durante el estado de concentración profunda, tu afirmación se fundirá con el fluir subconsciente, para volver después reforzada con el poder de influir en tu mente consciente por la ley de la costumbre».[3]

Esto es lo que le ocurrió a mi amigo Dan. Había asimilado su afirmación en lo más profundo de sí mismo, de tal modo que empezó a manifestarse e influir en las decisiones que tomaba. Unido a su voluntad de no incumplir su afirmación, hizo realidad su sueño. También tú puedes hacer lo mismo.

La que sigue es una forma sencilla de empezar:

1. **En primer lugar, crea un ambiente de afirmación.**

   Puede ser una o varias frases, pero que las puedas repetir de memoria. Acóplate a tu deseo más profundo que creas que merezca la pena y se ajuste a tu tiempo y tu atención. Mi recomendación es empezar con: «Yo soy» (o «estoy») para conectar con la cualidad de ser. Dilo en tiempo presente, o en el de hacerse realidad. Estos son algunos ejemplos:

   Soy un apasionado(a) de mi trabajo, al que doy mucha importancia y me llena por completo.
   Estoy enamorado(a) y he encontrado al amor de mi vida.
   Soy pacífico(a).
   Soy el director o la directora regional. Coordino a un equipo estupendo.
   Soy propietario(a) de mi propia marca de moda.

2. **En segundo lugar, repite la afirmación en voz alta, luego bajando progresivamente la voz, después en un susurro y por último en silencio.**

   Esto significa que lo ideal es que repitas tu afirmación entre ocho y diez veces en cada sesión. Sigue repitiéndola en tu interior, hasta que sientas que, con las palabras que estás diciendo, has llegado a un profundo estado de concentración. Como dice Yogananda, debes sentirlo como «una profunda continuidad de reflexión ininterrumpida».[4]

   Has de seguir empapándote de las palabras que vas diciendo aceptándolas como una verdad. Es importante acabar con la tendencia a recitarlas mecánicamente o, en palabras de Yogananda, como «una repetición ciega de peticiones». Esta técnica requiere una concentración y una atención intensas, de ahí la importancia de centrar la mente en la que sea tu intención

PRÁCTICA: CÓMO HACER AFIRMACIONES DE MODO EFICAZ

y no en cualquier otra cosa, por ejemplo qué vas a hacer para cenar o ese plazo que se te acaba.

3. **Recuerda que esto es una práctica.**

Por sencillo que parezca, fusionarte realmente con tu afirmación requiere práctica.

Como ya he mencionado, es imposible practicar bien esta técnica si tu mente vaga a sus anchas, si estás rodeado de niños que no dejan de chillar, si estás contestando un montón de mensajes o escuchando las noticias de fondo. Es mejor que hagas tus afirmaciones después de meditar o, por lo menos, pon el móvil en modo avión. Después respira profundamente varias veces y busca un espacio donde puedas estar tranquilo. Si te es imposible, espera el momento oportuno, porque si haces las afirmaciones sin la debida concentración, perderás el tiempo.

4. **Busca la paz como indicadora de efectividad.**

Dice Yogananda que si nos sorprendemos adentrándonos en estados cada vez más profundos, facilitamos realmente la afirmación de profundizar más y más en nuestro «reino superconsciente, para después regresar cargados de un poder ilimitado para influir en tu mente consciente y también para que se cumplan tus deseos».[5]

Los sentimientos de una mayor paz son una señal inequívoca de que estás profundizando en la afirmación y fusionándote con ella, de modo que se manifestará en la realidad de tu vida. Siente cómo la afirmación se va convirtiendo en parte de ti, fusionándose de verdad en tu corazón y posteriormente a través de cada una de tus células y partes de tu cuerpo.

5. Sigue adelante y cree.

Una vez que hayas terminado esta práctica —que puede llevarte, supongamos, desde tres minutos hasta todo el tiempo
que quieras permanecer en este estado—, ten la seguridad de
que tu afirmación ha sido oída y de que lo que es del Espíritu también es tuyo. Luego sigue adelante con esta confianza y
este conocimiento.

Puedes hacer de las afirmaciones parte de tu vida cotidiana
y tu práctica diaria. O puedes ir alternándolas cuando te sientas
habituado a usarlas. No hay una frecuencia ni un momento «adecuados». Pero, si realmente estás concentrado en un objetivo, te
sugiero que practiques las afirmaciones todos los días. Pruébalas,
usa tu propio poder y sigue adelante.

Nota: Si buscas inspiración para tus afirmaciones, Paramahansa Yogananda ofrece cientos de ellas para la sanación, la mejora
de uno mismo y la profundización en tu unidad con el verdadero *Ser*
en *Self-Realization Fellowship Lessons* y los libros *Scientific Healing Affirmations* [Afirmaciones científicas sanadoras] y *Metaphyisical Affirmations* [Afirmaciones metafísicas].

Capítulo 17

ERES ABUNDANCIA

Si el hombre trabaja en armonía con la ley
divina del éxito, recibe la abundancia.

—**PARAMAHANSA YOGANANDA**[1]

NUESTRA ABUNDANTE NATURALEZA

Me crie en Nueva Inglaterra, y en otoño mi familia se desplazaba en coche a Vermont a ver el espectáculo del cambio de las hojas de los árboles. Cuando, desde el asiento trasero, miraba por la ventanilla, me asombraban las montañas cubiertas de miles de árboles con sus hojas de preciosos colores: rojas, doradas, naranjas y violetas. Años después, visité una remota región de las Filipinas y tuve una experiencia similar. Al mirar por la ventanilla del coche, me deleitaba con los tropecientos millones de cocoteros que se extendían a lo largo de kilómetros y kilómetros. En ambas ocasiones me sorprendía la grandeza —y la abundancia— del mundo que me rodeaba.

Si te detienes un momento, miras tu entorno y te fijas en lo que te rodea, verás que esta abundancia está por doquier, no solo en los árboles, sino *en todas partes*. Mira la sección de frutas y verduras de cualquier supermercado, observa los interminables kilómetros de carreteras que nos conectan a unos con otros, sumérgete en el mar repleto de vida, respira el aire que te envuelve, cuenta los granos de arena del desierto, piensa en los billones de dólares depositados en los bancos de todo el mundo o imagina los nombres de los más de siete mil millones de personas que son nuestros hermanos y hermanas de esta raza humana.

O simplemente piensa en ti. Considera la abundancia de todo lo que forma tu cuerpo. Tienes más de mil millones de células, y cada una cumple la función que tiene asignada a la vez que trabaja en conjunción con las demás. Hay en tu cuerpo setenta y nueve órganos. Tienes más de seiscientos músculos. Una media de cinco litros de sangre corre por tu sistema circulatorio. Puedes hablar, andar, bailar y cantar, y, aun en el caso de que no hagas nada de todo eso, nada impide que te muevas y pienses y discutas y hagas el amor.

La abundancia es un estado de opulencia. Es la prosperidad en todas sus formas, no solo en el dinero, sino también en el amor, las amistades, los recursos, las oportunidades, etc. Es la propia naturaleza del verdadero *Ser*, que nunca deja de dar y dar. Y esto significa que también tú eres abundancia.

Para vivir como la abundancia y en la abundancia, es necesario que poseamos una mentalidad de abundancia, lo cual significa ser conscientes de la fuerza vital creativa intrínseca que llevamos *dentro*. Tal vez pienses que en estos momentos tu vida padece de escasez: quizá no tengas todo el dinero o todo el amor que quisieras. Pero cuando aprendas a activar tu mentalidad de abundancia, que es de lo que trata este capítulo, descubrirás que puedes tener tu parte de todo lo que deseas.

La abundancia está en todo lo que nos rodea; sin embargo, aún vivimos en un mundo de necesidad y carencias. Esta es una de las tragedias de la vida. La abundancia es nuestro derecho de nacimiento, pero muchas personas carecen de algo tan básico como el alimento, el agua, una vivienda, la compañía y el amor. No obstante, al desarrollar una mentalidad de abundancia, te darás cuenta de lo mucho que puedes cultivar y dar a quienes te rodean. La verdadera abundancia tiene que ver con razonar con mayor generosidad, con darte cuenta de que puedes tener lo que quieres y que también puedes ayudar a otras personas que vivan en la precariedad.

CREER PARA VER

Creer en la abundancia puede ser difícil, por supuesto. Si eres como la mayoría de las personas, te crees algo si lo ves. No dispones de mucho tiempo para pensar en teorías caprichosas ni ilusiones vanas (especialmente si, a diferencia de aquellos tropecientos millones de cocoteros de los que hablaba antes, la zona en la que vives solo tiene unos pocos árboles desgreñados en un parque local). Quieres pruebas. Y las pruebas pueden ser de muchos tipos, entre ellos opiniones sobre un determinado dentista, halagos que te reafirmen cómo te sientes en lo que a tu físico se refiere, estadísticas y probabilidades de quedarte embarazada en determinados días de tu ciclo menstrual o las cifras de ventas que permitan calcular las ventas futuras.

Lo comprendo. Yo solía pensar que necesitaba *ver algo para creerlo*. Es perfectamente razonable. Necesitamos hechos que nos sirvan de base. Los hechos son como los ladrillos: fuertes y resistentes. Sin embargo, lo que marca la diferencia es lo que hacemos con los ladrillos. Podemos lanzar uno contra la ventana de quien sea y provocar destrucción, o podemos construir un hermoso templo de espacio sagrado que se alce hacia el cielo.

Pero los hechos y las pruebas físicas no lo son todo. Cuando empecé mis prácticas de meditación, vi claramente otra regla que puede tener idéntica importancia. Dice así: *Cuando lo crea, lo veré.*

LA ABUNDANCIA NECESITA ESPACIO PARA CRECER

Creer para ver. Puede que pienses que es una idea propia de dementes porque te empuja hacia lo desconocido, algo que tal vez te parezca oscuro y te asuste. Es difícil agarrarse a algo que no puedas ver delante de ti.

Pero la oscuridad —lo desconocido— es el espacio de la pura potencialidad. Es el lienzo en blanco donde se plasman toda la creación y todas las ideas creativas que quieras expresar. Este espacio ilimitado para crear, al que siempre puedes recurrir, es el espacio de la abundancia, un espacio que atrae a raudales todo lo que quieres, sea amor, recursos, unas relaciones hermosas o salud. Por definición, el universo, creado por el Espíritu, no tiene límites. Cualquier cosa que desees está ahí, sin ninguna duda, y en cantidad más que suficiente para lo que puedas necesitar.

Piensa en una hermosa rosa. Antes de ser tal, hubo que sembrar las semillas en el suelo, en un lugar oscuro. Ahí, las semillas reunieron la energía y los nutrientes, y propiciaron su potencial florecimiento saliendo de la oscuridad para mostrarse con su plena hermosura. Cada vez que cerramos los ojos para meditar, entramos en una oscuridad que también nos ayuda a crecer de otras formas.

CREAR UNA MENTALIDAD DE ABUNDANCIA

Como ya he mencionado, la abundancia es una cualidad del verdadero *Ser*. Procede de tu interior. Cuando la mayoría de las personas piensan en la abundancia, miran con anhelo hacia fuera y piensan en todas las cosas que actualmente no tienen y quisieran poseer. Cosas como más dinero, un alma gemela para formar una familia o con quien viajar, una casa más espaciosa, un jardín de entrada mayor, ropa de diseño...

Pero cuando miramos hacia fuera y pensamos en todo lo que no tenemos, lo habitual es que nos haga sentir incompletos, con las consiguientes sensaciones de frustración e incluso desánimo y desesperanza, cuando deseamos cada vez con mayor ansiedad poseer cosas que no nos llegan en el marco temporal que queremos. Lamentablemente, nos demos cuenta o no, esto genera una especie de energía basada en la carencia que aleja de nosotros precisamente esas cosas que ansiamos. Es como cuando el dependiente de una tienda tiene tantas ganas de vender algo y obtener una comisión que no deja de seguirte hasta que te pruebas unos zapatos que no acaban de gustarte pero insiste en que te los quedes. Al final, decides que has de escapar lo antes posible y salir de la tienda, quieras o no los zapatos. Te has quedado sin zapatos, y el dependiente sin su comisión.

Todo es energía, por lo que si nos llenamos de la energía de lo que nos falta, de lo que no tenemos o no lo tenemos en la cantidad que quisiéramos, todo ello es más de lo que vamos a recibir. Cuanto más dices que quieres algo, más refuerzas la idea de que lo *quieres* pero no lo tienes. Ya sé que al principio parece una actitud contraria a lo que dicta la intuición. Pero cuando lo comprendes, se produce un cambio radical.

La mejor manera de generar una auténtica abundancia es centrándote en tu estado interior. Esto significa sentir la energía de la abundancia, concentrarse en ella y cultivarla, y hacer lo mismo con la plenitud que surge de tu interior y se extiende por todo lo que te rodea. **Para empezar a crear abundancia, ocúpate de la energía que pierdes en este momento, frente a la que te entra o no ahora mismo. Para ello, observa si tus pensamientos o acciones**

se basan en el miedo de no tener suficiente o en la confianza en que se te proveerá de todo lo que necesites.

Ya sé que es difícil si no te puedes permitir una vida sin sobresaltos, viviendo mes a mes y batallando por pagar el alquiler, o decidiendo qué factura vas a pagar de todas las que se te amontonan. Sin embargo, puedes cambiar tu vida. *Puedes* levantarte y salir de donde te encuentras, desde tu interior. Podrá parecerte un gran cambio, o quizá se te ocurran mil razones de por qué no es posible: el mercado laboral está saturado, es demasiado caro viajar al destino de tus sueños en Tanzania o sencillamente hay mucha competencia en tu campo.

No obstante, si esta es la visión que tienes del mundo en estos momentos —y la que tienen todos los que te rodean—, debes ir más allá de los razonamientos de este tipo. Es posible que sea lo que ahora aparenta ser, pero existe otro sistema de pensamiento completamente distinto y una forma totalmente nueva de vivir de los que te puedes servir para cambiar por completo el estado en que te encuentras actualmente. Para acceder a estas posibilidades, has de recurrir a la voluntad de ver más allá del aquí y ahora.

Estar en un estado interior de abundancia significa que te sientas pletórico *ahora*, que confías en la vida y en que te queda mucho por recibir. Y todo ello llegará a su *divino ritmo*, y no en los plazos establecidos por ese ego tan a menudo impaciente. Cree en la infinita abundancia de todo; sí, de todo. Es la ley de la abundancia, y a ti te corresponde exigir que se cumpla ahora, con independencia de cómo te vaya la vida en estos momentos.

Yogananda lo ilustra hermosamente en este pasaje de *Where There Is Light* [Donde haya luz]:[2]

Imagina la Abundancia Divina como una lluvia copiosa y refrescante; cualquier recipiente que tengas a mano se va a llenar. Si es un tazón de latón, solo recibirás lo que quepa en él. Si llevas un cuenco, se llenará. ¿Qué tipo de recipiente llevas para recibir la Abundancia Divina?

LA ABUNDANCIA ESTÁ AQUÍ, AHORA MISMO

La abundancia está aquí en este preciso momento. No procede, definitivamente, de la consideración del futuro, de ese darle vueltas a todo que no provoca más que ansiedad por cómo vaya a irte la vida. Esta actitud no hace sino favorecer la falta de fuerza, exactamente lo contrario de la energía. Ni tampoco procede, definitivamente, de la consideración del pasado, que se puede valorar en exceso y, con ello, despertar el miedo al futuro. Ha de estar en el aquí y ahora.

Si empiezas a crear deliberadamente un estado interior de abundancia, si te centras en toda la riqueza que hay en ti y a tu alrededor, tu mundo exterior acabará por ajustarse a esa energía interior. Y entonces, sin la desesperación de intentar llenarte de energía una y otra vez, lo conseguirás. Sencillamente ocurrirá.

La concentración en tu estado interior, sentirte lleno y pletórico, sumado a la fe y la confianza, también propician un estado de fluencia en tu vida, de modo que te sientas aliviado y en paz contigo mismo. Empezarán a llegarte oportunidades, clientes, amistades y otras relaciones que jamás hubieras imaginado. Esto no significa que no debas esforzarte, sencillamente porque no puedes pasarte todo el día en pijama viendo YouTube y después lamentarte porque nadie te llama para ofrecerte un trabajo.

Pero sí significa el fin del esfuerzo *exagerado*. Y el fin del estrés y la preocupación excesivos. Es decir, significa controlar tus pensamientos en todo momento. ¿En qué punto de la escala te encuentras en cada «ahora»? ¿Te sientes pletórico o percibes la escasez?

Debo admitir que, en su día, no acababa de entender esta idea, y de ahí que me mostrara escéptica al respecto. Pero entonces puse en acción las palabras de Yogananda. Los Ángeles es realmente un entorno notablemente competitivo. Cuando ya habíamos decidido comprar la casa de nuestros sueños, nos enamoramos de un paraje en que no había todo lo que podíamos encontrar en la otra casa, lo cual fue una de las razones de que nos enamoráramos de la nueva. Es una zona situada en un pequeño cañón entre dos montañas, a unos treinta minutos del límite de la ciudad, suficientemente alejada como para sentirse en un mundo completamente distinto pero, aun así, lo bastante cerca para formar parte de la comunidad y aprovechar los recursos de la ciudad.

La «realidad» se nos pintaba desde la perspectiva de historias de terror de amigos de todas partes que habían perdido casas que luego adquirieron otras personas, para después tener que pagarlas muy por encima del precio inicial. Yo me oponía radicalmente a una guerra de ofertas por una determinada casa, y lo último que me apetecía era pasarme semanas viendo viviendas y más viviendas. Pese a las llamadas «pruebas», le dije a mi marido, Jon, que hay abundancia en todas partes y para todos, y sería facilísimo encontrar nuestra casa. Fue una declaración completamente osada, porque contradecía lo que el mercado señalaba. «De acuerdo, cariño», dijo Jon, sonriendo. No estoy segura de que se lo creyera del todo, pero también sabe que es mejor no llevarme la contraria en asuntos que me apasionan.

Seguí diciendo en voz alta, a mí misma y a otras personas: es superfácil encontrar una casa. Incluso llegué a afirmarlo después de mis meditaciones, lo cual hacía que mi cuerpo se entusiasmara. Interiormente, no hice sino seguir concentrada en sentirme abundante desde dentro. Y, aunque las circunstancias no corroboraban precisamente mis apreciaciones, me mantuve firme y continué sintiéndolo.

Vimos una casa que estaba bastante bien, después otra. Había que reparar demasiadas cosas. Luego vimos una tercera. Tenía una vista espectacular de las montañas, una zona llana, un patio, jardines y algunos rincones en estado salvaje, en un terreno de unos cuatro mil metros cuadrados, con tres robles enormes y más de una docena de árboles frutales. ¡Era nuestra casa! Mucho más de lo que imaginaba, con toda aquella abundancia de naturaleza, espacio y belleza. La segunda vez que la vimos, Jon olvidó su teléfono en la cocina. Al regresar a buscarlo, conocimos a la propietaria, Katy. Es algo que, según determina el protocolo de la inmobiliaria Realtor, se supone que nunca va a suceder.

Pero pudimos establecer una conexión directa con ella, y le explicamos que esperábamos otro niño y que nos hacía mucha ilusión que esa fuera nuestra casa. El final de la historia es que hicimos una oferta menor que el precio de salida. Katy aceptó. No puedo evitar pensar que el hecho de habernos conocido fue definitivo. Firmamos una reserva y pagamos una señal, en un momento en que otros varios compradores también habían mostrado su interés por la casa. Pero en cuarenta y cinco días terminamos con todo el papeleo y nos entregaron las llaves. Conseguimos la casa de nuestros sueños de forma «superfácil», exactamente como mi fe en la abundancia había pronosticado.

La práctica del estado de abundancia

Intenta hacer lo que sigue a lo largo del día tantas veces como te sea posible. Es una práctica que puedes hacer en los momentos de tranquilidad que te permita el trabajo, mientras juegas con los niños, cuando cocinas, al limpiar el garaje: en cualquier momento.

Al final se convierte en una práctica que no te obliga a dejar lo que estés haciendo, sino que pasa a formar parte de tu vida.

1. Para empezar, conviene que cierres los ojos y te detengas a sintonizar. No importa lo que pase fuera de ti; percibe tu estado interior. Es posible que te sientas un poco vacío(a) en ese momento o tal vez partas de un punto en el que ya notas una gran energía.

2. Ahora comienza a crear conscientemente un estado de abundancia, como quien aviva el fuego. ¿Cómo lo haces? Te concentras en ello. Puedes generar los sentimientos de expansión, plenitud, prosperidad y acopio. Pon toda tu voluntad en crear tales sentimientos dentro de ti.

    En esta práctica no tienes que pensar en cosas concretas a menos que necesites hacerlo o si al principio te ayuda a acceder a los sentimientos. En mi caso, me gusta concentrarme en propiciar el puro sentimiento de abundancia —en que hay copiosidad de todo— y sentirme receptiva, de modo que pueda atraer cualquier cantidad de lo que sea. Incluidas cosas que el Espíritu nos tiene reservadas y que ni siquiera se nos ocurren. Genera el sentimiento al menos entre dos o tres minutos poniendo en él la máxima atención.

3. Intenta agarrarte a este sentimiento de abundancia todo el tiempo que puedas. Mantén tal actitud incluso cuando abras los ojos y sigas con lo que tengas que hacer. A todos nos ocurre habitualmente que el sentimiento de abundancia nos viene y se va, hasta que alcanzamos esa fase de total iluminación en la que es nuestra completa forma de vivir. Pero de momento, seamos realistas. Todos somos humanos, por lo que esa conciencia es un tanto inestable. No importa. Sigue entrando y haciendo acto de presencia en tu estado interior, y ten fe en

que cuanto más abundante te sientas, esta repetida vibración debe empezar a adaptarse más y mejor a tu mundo exterior.

LA CONEXIÓN ENTRE LA ABUNDANCIA Y LA GRATITUD

La gratitud es una potente energía porque contribuye a tu mentalidad de abundancia. Si eres una persona agradecida, te fijas en todas las cosas increíbles que te rodean, en todos tus dones infinitos. Tal actitud te conecta con la energía de la abundancia. Y de este modo posibilita que fluya más hacia tu interior.

Cuando entrevisté, para mi pódcast, a Matthew y Terces Engelhart, fundadores de la cadena vegana Café Gratitude, les pregunté por el espectacular crecimiento de su empresa. En su mejor momento, tenían más de setecientos empleados. Recordaban que cuando empezaron, su primera cafetería estaba vacía con bastante frecuencia. Pero, a pesar de ello, se centraron en sentirse sumamente agradecidos por cada dólar que entraba y por cada cliente que los felicitaba. Como tan bien refleja el nombre de su cafetería, la gratitud pasó a ser una fuerza diaria dominante en sus vidas, y a partir de esta fuerza que nace del aprecio pudieron seguir creciendo y conseguir el éxito de su boyante empresa.

En cambio, si no dejas de ir de una cosa a otra sin pararte siquiera a agradecer lo que *sí* tienes, puedes impedir que se te crucen grandes cosas en tu camino. ¿Por qué? Porque no conectas con la energía de la abundancia. Conozco a personas, y tú probablemente también, que tienen muchas cosas, por ejemplo dinero, una familia maravillosa, grandes amigos, etc. Pero, pese a todo, no son abundantes. No toman lo que está ahí y no son agradecidas. Al contrario, se quedan inmóviles en la carencia de energía. Siempre miran a su exterior, a lo siguiente que «necesitan» para ser felices, porque con toda seguridad no lo son en el momento actual. Lamentablemente nunca conectan con la auténtica felicidad y la verdadera satisfacción. Siguen inquietas y en el estado de no sentir que son suficientemente lo que han de ser ni tienen todo lo que les hace falta.

¡Tú no quieres ser una de esas personas! La sabiduría de Yogananda nos enseña: «Si un príncipe borracho va a los suburbios y, olvidándose por completo de su verdadera identidad, empieza a lamentarse: "¡Qué pobre soy!", sus amigos se reirán y le dirán: "Despierta y recuerda que eres un príncipe"».[3]

Autorreflexión: da gracias ahora

Haz una pausa y repasa tu diario. Empieza por hacer una lista de todas las cosas por las que te sientes agradecido(a). Observa que aun en el caso de que, ahora mismo, tu vida no esté donde tú quisieras que estuviese, hay una larga lista de cosas para estar agradecido(a), desde disponer de una cama o un sofá donde dormir, o papel higiénico (la mayoría de las personas no lo tienen, como descubrí en mis viajes) hasta las estrellas, la luz del sol, amigos, tus fuertes pies para llevarte a donde desees todos los días, tu capacidad de tener sueños y esperanzas, y muchísimas cosas más. Fíjate y observa cuántas cosas increíbles hay realmente en tu vida. Si te quedas estacando(a) y empiezas a pensar en tus carencias, saca tu diario y repasa esa lista. Y siéntete libre para elaborar nuevas listas con regularidad, como yo hago. Es una práctica que me encanta porque, aunque la mente pueda jugar con nosotros y nos lleve a pensar en la escasez y el sentimiento de que realmente no hay suficiente, esta práctica es una forma de ver con tus propios ojos que la abundancia está en todas partes, para después conectar con ella de forma concreta.

ATRÉVETE A IMAGINAR

Además, dejar que de repente aparezca la abundancia en forma de lo que sea —como algo profundo, unas relaciones basadas en un amor manifiestamente satisfactorio, una salud perfecta, una prosperidad imparable, vivir tus sueños todos los días— es, ante todo, imaginar que todo esto es posible. Antes de que puedas ver que algo se manifiesta en tu realidad exterior, es necesario que creas que lo llevas dentro de ti: en tu mente, en tu corazón, en tu alma.

Un equipo de investigadores de la Universidad de Harvard dividió en dos grupos a unos voluntarios que nunca habían tocado el piano con anterioridad. Un grupo practicó algunos ejercicios sencillos para los dedos dos horas diarias durante cinco días. Los del segundo grupo no movieron los dedos ni hicieron el ejercicio: simplemente imaginaron que estaban sentados al piano. Los escáneres del cerebro de antes y después de ambas acciones muestran que los dos grupos crearon numerosos circuitos neuronales nuevos y una nueva programación cerebral en la parte del cerebro que controla el movimiento de los dedos. ¡Increíble! Esto significa que un grupo pudo propiciar el cambio con solo usar el pensamiento,[4] lo que indica que tú y tu mente podéis empezar a crear cambios en tu cuerpo con solo pensar en vuestro objetivo de forma clara y constante.

En otras palabras, una fe altamente visual puede obrar milagros mediante el acceso a la abundancia de posibilidades que habitan en nuestro interior. Por lo tanto, visualiza minuciosamente lo que quieras crear, pero, además, permanece abierto a todo lo que pueda aparecer, como veíamos en el capítulo quince. El universo puede tenerte reservadas oportunidades muchísimo más excepcionales de lo que puedas imaginar en cualquier momento, unas oportunidades a las que quieres mostrarte abierto y receptivo.

LA FE Y LA CONFIANZA

Tus pensamientos contribuyeron a crear las circunstancias en que hoy te encuentras, por lo que no puedes cambiarlas por otras distintas y de mayor abundancia si antes no cambias tus pensamientos.

En Marcos 11: 24, dice Jesús: «Por tanto, os digo que todo lo que pidiereis orando, creed que lo recibiréis, y os vendrá». Lo fundamental de estas palabras es que creamos *antes* de que recibamos. Decimos con claridad y exactitud qué queremos, pero lo hacemos antes de que cobre forma.

Yogananda estaría de acuerdo. Refuerza esta idea con sus enseñanzas: «Debes creer en la posibilidad de aquello por lo que rezas».[5] Creer que vas a obtener lo que deseas antes de que lo veas aparecer es esencial para crear cualquier cosa en tu vida. No importa que sea la curación de alguna dolencia física, una nueva relación, la reanudación de una amistad, un coche nuevo, unas vacaciones o hasta un poco más de dinero para pagar una factura. Si no crees de verdad que es posible, la energía que vas a necesitar cuando pongas en marcha los esfuerzos necesarios será muy distinta. Si dejas lugar a la duda, te vas a encontrar con unos resultados dudosos.

Ahora bien, puedes decir: «Seguro, puedo creer, pero ¿y todas las demás dificultades con las que me puedo encontrar?». Bien, seguirán estando ahí. El simple hecho de que creas no significa que el camino que te lleva a tu destino esté perfectamente pavimentado y sin nada que lo obstruya. Los baches y los obstáculos forman parte de cualquier empeño.

Pero no dejes que tal realidad te intimide, ni siquiera un minuto. Tu voluntad es la fuerza que, por emplear una metáfora, puede prender la mecha de la dinamita que apartará todos esos obstáculos que no te dejan avanzar. Cuentas con tanto apoyo porque ya posees en tu interior la fortaleza y la capacidad de utilizar los recursos necesarios. Esto no significa necesariamente que puedas hacer cualquier cosa tú solo. Pero cuando tu vida se desarrolla en un ambiente de fe y abundancia, verás cómo acuden en tu ayuda personas igualmente sensatas, situaciones propicias y los consejos y el apoyo adecuados. Y verás que tu verdadero estado natural es la abundancia, no la carencia.

Pasos prácticos para vivir en la abundancia

1. **Controla tu mentalidad de abundancia en todo momento.** No dejes de controlarla para observar si te falta o sobra la energía de la abundancia. Haz la práctica del estado de abundancia (página 217) todas las veces que necesites, hasta que se convierta en tu estado primario de ser.

2. **Muéstrate siempre agradecido(a).** Recuerda que cuanto más agradecido(a) estés, más conectas con la abundancia y dejas paso a cosas increíbles. Así pues, muestra agradecimiento con la mayor frecuencia que puedas, por todas las cosas grandes y pequeñas, y a continuación observa lo que pasa con tu prosperidad.

3. **Aparta la duda.** No te desanimes ni dudes si no se produce algo que deseas. Si es necesario, haz los ajustes pertinentes, pero mantén el rumbo con la firme creencia en que tu abundancia actúa a través de ti. Hay ocasiones en que la inteligencia superior te tiene reservados planes de mayor envergadura, cosas que, en última instancia, te pueden ser de más provecho del que imaginabas. No dejes de centrar tu atención en tu objetivo.

4. **Gana mayor confianza mediante cosas pequeñas.** B. J. Fogg, fundador y director del Behavior Design Lab ('laboratorio de tecnología persuasiva') de la Universidad de Stanford,

descubrió que descomponer grandes objetivos en pasos más cortos de acciones mínimas puede generar cambios espectaculares que perduren.[6] Acometer una tarea dividiéndola en pequeños pasos –como investigar un poco o leer un libro– contribuye a hacer realidad lo que te propongas y darle mayor fuerza. Después utiliza lo que hayas aprendido para seguir avanzando en la adquisición de más confianza. Cualquiera que haya visto a un bebé dar sus primeros pasos sabe que hay que tener mucho coraje para ponerse de pie y moverse de otra forma. Ese bebé ya no va gateando sino dando pequeños pasos, y al darlos, adquiere fuerza, concentración y confianza. Podemos aprender muchas cosas de los pequeños.

Capítulo 18

PRÁCTICA: TRABAJAR CON LOS MANTRAS

*Después de conseguir el tesoro interior, descubrirás que
no dejarán de llegarte provisiones desde el exterior.*

—LAHIRI MAHASAYA, EN *AUTOBIOGRAFÍA DE UN YOGUI*[1]

¿Qué es un mantra, y por qué es importante? En sánscrito, *mantra* se refiere a «un instrumento o una herramienta de la mente». Los mantras son sonidos sagrados que se manifiestan en forma de palabras, sílabas, máximas, plegarias o himnos. Son herramientas que utilizamos para comunicarnos con mayor eficacia con el verdadero *Ser*.

Si dejamos que nuestra mente utilice sus propios recursos, tiene tendencia a descontrolarse. Es como un caballo indómito al que hay que ponerle las riendas en su propio beneficio o en el de otros, a los que, en determinadas circunstancias, podría pisotear. Una de las herramientas más importantes de las que disponemos es el mantra, que nos puede ayudar a concentrar la mente y a acallar todo ese ruidoso parloteo que se produce entre nuestros dos oídos.

Decía Yogananda: «El sonido o la vibración es la mayor fuerza del universo».[2] Él fomentaba el uso de los mantras tanto en las técnicas preliminares de la meditación como en las salmodias o la música devocional. Llegó a escribir todo un libro de salmodias, en el que enseña: «La música es un arte divino que hay que usar no solo para que nos proporcione placer, sino también como un camino a la percepción de Dios. Las vibraciones que resultan del salmodiar devocional conducen a la sintonía con la Vibración Cósmica o el Mundo».[3]

Japa es una antigua práctica yogui del periodo védico, y consiste en repetir un mantra o el nombre de una deidad, en voz alta o en silencio. La práctica de *japa* puede ser la repetición de un mantra de una sola palabra o uno compuesto por una serie de palabras encadenadas. Su origen etimológico es *abhyasa*, un término sánscrito que significa 'práctica repetida'. Mediante nuestra práctica diaria y realizando estas técnicas y repeticiones, podemos centrar la mente y la energía. Lo habitual es pensar que *japa* es una práctica oriental que se utiliza en el hinduismo, el jainismo y el sijismo; sin embargo, también se emplea en el cristianismo, como demuestra el uso del rosario, y en el islam y el judaísmo.

En las salmodias de Yogananda y otros yoguis, encontrarás la práctica de *japa* o, dicho de otro modo, mucha repetición. Es como cuando el estribillo de una canción se te queda pegado en la mente y no dejas de tararearlo. *Japa* es algo parecido. Es fácil de aprender, porque dices las mismas palabras una y otra vez. Dice Yogananda: «La repetición subconsciente se convertirá poco a poco en percepción superconsciente, de modo que te desvelará la propia percepción de Dios. Hay que cantar con progresiva profundidad hasta que la salmodia se convierta en percepción subconsciente y después superconsciente, de modo que nos lleve ante la Divina Presencia».[4]

No obstante, para utilizar esta herramienta como corresponde, como una forma de profundizar en las percepciones y aquietar el alma, debes empeñar tu voluntad en concentrar tu energía. Yogananda insistía continuamente en este punto. Si te propones sentir la paz cuando estás repitiendo la palabra *paz* como tu mantra, con profunda concentración, puedes empezar a progresar. Pero si repites mecánicamente tu mantra mientras piensas en qué bolso vas a llevar después cuando salgas a cenar, o en un texto que has de escribir, lamento decirte que tus palabras no servirán para nada.

Sea lo que sea lo que estés haciendo, concentra en ello toda tu atención, incluidos tu mantra y tu meditación. En *La guerra de las galaxias*, Yoda insta a Luke a que se concentre más y con mayor intensidad en el uso de la Fuerza. Una vez así concentrado, su objetivo adquiría poder y estaba al alcance de su mano. En este mismo sentido, Yogananda afirma: «¿Sabes por qué algunas personas nunca son capaces de gozar de buena salud o de ganar dinero, por mucho que parezca que se empeñan en conseguirlo? En primer lugar, muchas personas lo hacen todo sin entusiasmo. Solo aprovechan una décima parte de su atención».[5] Podemos usar mucho más que una décima parte. Eres más, y podrás hacer realidad tus sueños, y alcanzar estados superiores de paz y alegría, solo con usar mayor parte de tu atención.

A continuación te dejo algunos consejos para trabajar con los mantras:

1. **Elige el mantra que mejor concuerde con lo que te propongas.**
   Para tu meditación diaria, puedes decidirte por la palabra *paz*, o la equivalente en sánscrito: *shanti*. O también *alegría, amor, fe* u otra palabra que esté en consonancia con tu objetivo.

Asimismo, puedes empezar a trabajar con los mantras para otros propósitos, por ejemplo para que se acabe pronto ese mal momento por el que estás pasando o para manifestar algo.

En el caso de Jon y yo, por poner otro ejemplo, cuando nos sentimos dispuestos a que me quedara embarazada, salmodiábamos juntos un mantra dirigido de modo especial a una buena concepción y gestación, una salmodia que me facilitó mi maestro ayurveda y que puedes encontrar en nuestro curso Solluna *online* sobre el embarazo. No hay duda de que funcionó de acuerdo con lo que nos propusimos con ese embarazo, y hoy tenemos a Moses con nosotros.

2. **Recita el mantra con progresiva concentración y repetición.** Además, como ocurre con las afirmaciones, tu concentración, devoción y convicción dan mayor fuerza a los mantras. Como decía antes, debes creerlo antes de verlo. Asegúrate de que profundizas lo suficiente para sacar a la luz tu concentración mientras dices tus mantras.

   Repítelos sin descanso, primero en voz alta y, poco a poco, bajando el volumen hasta llegar a susurrarlos y después decirlos en silencio o simplemente en silencio desde el principio. Recuerda que la repetición genera energía, así que no dejes de repetirlos una y otra vez para que tus palabras adquieran una auténtica fuerza.

3. **Sírvete de la música para incorporar los mantras a tu vida.** Si me preguntaras qué escuchaba con mayor frecuencia hace diez años, te diría que *rock indie*. Hoy, debo admitir que lo que más escucho es música *kirtan*, una especie de llamada y respuesta musical, basada en los mantras. Me encantan el sonido y la vibración de este tipo de música, aunque no entienda todas las palabras sánscritas. Me ayuda a sentirme con más fuerza cuando la escucho. En la ceremonia de mi boda,

mientras avanzaba por el pasillo central, sonó *Prema Chalisa*, una versión del enérgico versículo 108 del poema devocional *Hanuman Chalisa*, de Krishna Das. Otros cantantes de música *kirtan* y salmodias son Wah!, Jai Uttal, Benjy Wertheimer, MC Yogi, The Hanumen, Snatam Kaur y Deva Premal. Escúchalos si tienes ocasión de hacerlo o intenta salmodiar o recitar mantras junto con otros sonidos, por ejemplo los del carrillón, el timbal o los cuencos de cristal.

4. **Los que siguen son algunos otros mantras que tal vez consideres de especial importancia.** Uno de los ideales de Yogananda al traer el yoga a Occidente fue la accesibilidad, de modo que no se centró en intentar enseñar mantras complejos en sánscrito, una lengua difícil de pronunciar. Sin embargo, y como telón de fondo, quisiera ofrecer unos cuantos mantras de base sánscrita (y uno budista), para que, si te interesa, te ayuden a conectar con los versículos originales. Como puedes imaginar, hay una infinidad de mantras. Aquí tienes unos pocos de gran fuerza, además de una versión de sus traducciones:

Aum: el sonido sagrado de todas las cosas. La presencia del YO SOY.

Om Namah Shivah: me inclino ante la luz de mi interior. Me inclino ante el yo supremo que habita dentro de mí.

Hare Krishna: Krishna es el aspecto de lo Divino que habitualmente se entiende como el amor. Así me explicaron a mí este mantra: «Todo es amor, el amor está en todas partes».

Aham-Prema: soy el amor Divino.

Om Mani Padme Hum: este es un mantra budista del Tíbet que significa: '¡Oh, la joya del loto!'. Se cree que ayuda a convocar al estado definitivo de compasión, también conocido como *chenrezig*.

Capítulo 19

ERES UN CREADOR

Todo ser humano tiene una chispa de poder con la que
puede crear algo que jamás ha sido creado antes.

—PARAMAHANSA YOGANANDA[1]

ESTÁS DESTINADO A CREAR

¿Alguna vez has echado en falta crear algo extraordinario en tu vida? Tal vez una idea para una nueva aplicación, un libro que enseñe a los niños a cuidar del medioambiente o una receta nueva de tarta de chocolate con zanahorias. Quizá quieras tener una página web, ser socio de tu empresa, abrir una floristería, encontrar al amor de tu vida o simplemente ser una mamá o un papá estupendos.

Este deseo que alientas dentro de ti demuestra que tú, yo y todos somos creadores. Queremos crear cosas y situaciones en nuestras vidas. Si no lo hacemos, nos sentimos anquilosados, deprimidos, insatisfechos.

La verdad es que eres un creador, y llevas contigo el espíritu creativo divino que ha formado todas las cosas. Fuiste diseñado para crear, y cuando trabajas con el Espíritu de tu parte, puedes esculpir la vida más asombrosa.

La creatividad forma parte de tu ADN, es parte de tu propia naturaleza. Podrás pensar que la palabra *creatividad* está reservada para las ambiciones artísticas, pero en el uso que le damos, la creatividad es la capacidad de concebir algo y hacerlo realidad. Lo creas o no, la conclusión es que eres el cocreador de tu vida. Creas tu casa, tu familia, tus ingresos, tu estilo personal, tus relaciones, tu trabajo, tu día.

En la raíz de todo esto podemos observar: «El pensamiento lo es todo», según dice Yogananda. Y prosigue: «El pensamiento es la matriz de toda creación; el pensamiento lo creó todo. Si te aferras a esta idea con voluntad inquebrantable, puedes materializar cualquier pensamiento».[2] Los yoguis enseñan que la creación y la naturaleza proceden del pensamiento del Espíritu, y, del mismo modo que el Espíritu anida en nosotros y *es* nosotros como nuestro verdadero *Ser*, así también nosotros podemos crear y poseemos este poder. Y no solo en lo que se refiere a las pequeñas cosas de todos los días, sino en lo que concierne a todas esas maravillas en las que sueñas pero que, a veces, te da miedo decirlas en voz alta. Ese negocio extraordinariamente boyante. La hermosa vida familiar. La abundancia económica. Una auténtica paz interior. Sí, también todo esto.

¿ESTÁS CREANDO COMO UN MENDIGO O COMO EL VERDADERO *SER*?

La experiencia de abrir los ojos y «despertar» de la ilusión son expresiones habituales asociadas a la iluminación. Para nosotros, dormir es el tiempo en que cerramos los ojos por la noche, reposamos la cabeza en la almohada y nos quedamos dormidos. ¿Y si estuviéramos despiertos cuando creemos que estamos durmiendo? Como si fuera una especie de sonambulismo con el que vamos dando bandazos por el mundo sin saber realmente quiénes somos.

Para reivindicar tu verdadero poder, has de actuar desde tu verdadero *Ser*, la parte de ti que *sabe* que forma parte de la inteligencia Divina.

Cuando nos identificamos con nuestros pequeños yos, en los que experimentamos todo tipo de duda en nosotros mismos y de insuficiencia, desconectamos de nuestro verdadero *Ser* y abandonamos nuestro poder para crear. Piensa en el símil de toda la familia sentada a la mesa, donde se van pasando las bandejas con la comida y los miembros de la familia pueden comer todo lo que les apetezca. Los mendigos se sientan fuera, a la espera de que les caiga alguna que otra migaja. Cuando te identificas con tu verdadero *Ser*, te sientas a la mesa del festín. Puedes escoger entre tantos platos que renuncias a algunos de ellos. Cuando te identificas con tu ego, lo haces con el pordiosero que nunca tiene suficiente.

Me viene al pensamiento mi amiga, a la que voy a llamar Sarah. Es inteligente y guapa, tiene su propio negocio y le apasionan la vida, viajar y las experiencias nuevas. Pero, pese a todo este manifiesto éxito externo, añora un alma gemela con quien compartirlo. Desde que la conocí hace más de diez años, nunca ha tenido una relación duradera. En los negocios se siente muy segura de sí misma, pero en su vida amorosa, su autoestima se cae a pedazos, y este sentimiento de carencia hace que, en lo que al amor se refiere, sea una auténtica mendiga.

Yogananda dice que siempre que iniciamos nuestras plegarias suplicando a Dios que nos ayude, la realidad es que nos limitamos. En su lugar, antes debemos afianzar la profunda creencia, el profundo *conocimiento* de que el verdadero *Ser* reside en el interior y está preparado para proporcionarnos todo lo que pudiéramos necesitar. Tú, yo y la persona que tenemos a nuestro lado formamos, en esencia, una unidad con el Espíritu, con el verdadero *Ser*.

Cuando no aceptamos tal realidad, evidentemente surgen problemas. Como alguien que ha experimentado ambas formas de vivir —como pordiosera y como comensal Divina—, soy consciente de la posibilidad de que este profundo conocimiento de nuestra intrínseca unicidad con el Espíritu no se presente como tu primera naturaleza. Si te han educado con la idea de que Dios está arriba, en algún lugar del cielo, tendremos que aprender a hacer este cambio. Pasar del ahí fuera al correcto aquí dentro.

Si eres hijo de la Fuente, como nos dicen los grandes ilumina-dos, significa que reconoces que eres poderoso, que eres cocrea-dor, y lo que tú creas es tu Divino derecho de nacimiento. Nunca debes pedir limosna, suplicar ni humillarte. Al contrario, puedes reclamar lo que necesitamos de ese lugar del conocimiento de cuyo reino ya formas parte. «Se acabó pedir limosna a Él; porque no eres ningún mendigo. Eres Su hijo divino y en consecuencia posees todo lo que Él tiene», nos enseña Yogananda.

ANTE TODO UNIRSE CON EL ESPÍRITU

Entonces, ¿en qué se supone que hemos de invertir nuestra ener-gía? ¿Cómo decidimos lo que queremos crear? Según Yogananda y prácticamente todos los líderes espirituales, ante todo debemos buscar al Espíritu en todo lo que hagamos. Esto significa que lo primero que hemos de hacer es anteponer estas cosas a todas las demás y ajustar nuestros deseos a la voluntad del Espíritu. En con-secuencia, hay que echar el deseo de una patada al asiento trasero mientras tú, en el asiento del copiloto, diriges el SUV de la vida del Espíritu con el verdadero *Ser* al volante. Al unir tu auténtica iden-tidad con el verdadero *Ser*, accedes a unos poderes infinitos para aceptar lo que deseas *de verdad*, unos deseos destinados a estimularte, inspirarte y hacer que avances hacia el amor, la plenitud y la heroicidad.

Como puedes ver, estoy hablando de «verdaderos deseos». ¿Qué quiero decir con ello? Bien, imagina que deseas un coche nuevo. Cuando sientes este deseo, ¿qué es lo que buscas realmente? Posiblemente la libertad que te asegura un coche que sabes que no se va a averiar. Tiene sentido. Deseas seguridad. Es posible que ansíes el prestigio que te otorga poseer un Porsche Cayenne SUV. Pues bien, lo que realmente deseas (aunque pueda estar enterrado en lo más profundo de tu interior) es un sentimiento, en opinión de otra persona, de ser lo bastante bueno, lo bastante importante, lo cual no tiene nada que sea intrínsecamente malo. Pero, en ambos casos, es posible que esa persona se confunda porque siempre habrá un bache que te puede dejar tirado en la cuneta. Y por muchas que sean las personas que te quieran y piensen que eres genial, alguna habrá para la que no lo seas tanto.

Pero si te posicionas con el Espíritu y partes de él, todo lo demás encaja perfectamente. Entonces buscas la seguridad, no en una carrocería y unas ruedas de acero ni en los brazos de quienes te adoran, sino en el amor y la estabilidad constantes de tu verdadero *Ser*.

En otras palabras, pon en primer lugar el Espíritu y después tus deseos, y el verdadero *Ser* te ayudará a conseguir esos deseos de la forma más apasionante y que mejor te beneficie posible. De este modo, no importa qué coche conduzcas: no estás apegado a un deportivo ni a una furgoneta. Sabes que el Espíritu satisfará tu deseo exactamente con lo que necesites en el momento oportuno. Es posible que no puedas conseguir esta noble aceptación en este momento. Pero si sabes aproximarte más al desapego de tus deseos, si sabes cultivar una actitud de dejar que las cosas sigan su curso, puedes experimentar mayor alegría y satisfacción en todo lo que hagas.

¿Pero ese desapego del deseo significa que te conviertes en un perezoso y un apático que no hace nada? Ni hablar.

En su comentario al *Bhagavad Gita*, un antiguo texto religioso oriental, Yogananda dice: «No manifestar deseos no significa una existencia sin ambiciones. Significa trabajar sin apego para los fines más altos y nobles».[3] La interpretación que hago de la postura de Yogananda es que desear cosas no tiene nada de malo, siempre y cuando no nos distraiga de nuestra práctica ni nos desvíe de nuestro alineamiento con el verdadero *Ser*. Solo así todo lo demás se colocará en su sitio. Nuestros deseos pueden cambiar de forma natural sin necesidad de que los alentemos, empujemos ni nos sintamos privados.

CREAR POR IGUAL LO BUENO Y LO MALO

Quiero empezar por advertirte de que al universo no le importa lo que te propongas, sea bueno o malo. No le preocupa lo que crees. Si centras toda tu atención en el miedo a quedarte sin trabajo o, sin razón alguna, dudas de esa persona que te importa, entonces estás en el camino de crear aquello en lo que crees. Te lo repito una vez más: *eres* poderoso. Si no dejas de restarte importancia, bromear sobre tu aspecto o reafirmarte constantemente en la idea de que nunca vas a triunfar, ni a encontrar el amor, ni a tener un orgasmo, conseguirás exactamente eso en lo que siempre tienes puesto el foco. Eres el creador definitivo de tu propia realidad, de modo que si estás construyendo una vida basada en el miedo o la carencia, ¡para! Si tienes la mente siempre llena de pensamientos negativos y estupideces, estos seguirán acudiendo a tu puerta y dejarás que entren. Y esta estupidez cósmica no es fácil de limpiar como si de un par de zapatos se tratara.

Utiliza tu poderosa naturaleza creativa para lo bueno. Ten fe en que las cosas están mejorando, que lo mejor para ti está al llegar, que ese gran amor por el que suspiras está en el horizonte. Nada de todo ello es una ilusión; sitúa tu fe en tu verdadero *Ser* y sé consciente de que lo mejor que el mundo puede ofrecer se te *revelará* cuando vivas asentado en este lugar de certidumbre.

El auténtico valor de las experiencias de la vida no es conseguir las cosas que queremos *per se*, sino descubrir que nuestro verdadero *Ser* es mucho más de lo que pensamos que es. Una vez que experimentamos nuestro propio poder por nosotros mismos, tenemos la experiencia de esta forma de iluminación como verdad: efectivamente, somos creadores. Y en realidad podemos crear muchísimo más de lo que pudiéramos haber imaginado. En las sabias palabras de Yogananda: «La autorrealización es saber —en cuerpo, mente y alma— que formamos una unidad con la omnipresencia de Dios [...] que sencillamente somos tanta parte de Él como siempre lo seremos. Todo lo que tenemos que hacer es mejorar nuestro conocimiento».[4] Antes de que puedas crear algo con facilidad, debes saber que formas una unidad con el Espíritu todopoderoso de la creación. Y ahora actúa en consecuencia.

LA MAGIA DE CREAR

Cuando conectas con tus dotes es el momento en que creas algo que trasciende de lo extraordinario. Algo épico. Mágico. Algo que solo tú, entre todas las personas de todo el mundo, puedes crear. Es entonces cuando descubrimos la verdad de lo que dice Yogananda: «No debes dejar que tu vida discurra de la forma habitual; haz algo que nadie más haya hecho, algo que encandile al mundo. Demuestra que el principio creativo de Dios obra en ti».[5]

Todos y cada uno de nosotros tenemos algo que nos es exclusivo, algo que los demás no pueden copiar. En este sentido, todos somos especiales. Y no nos ha de preocupar que otros nos «sustituyan», porque es imposible que lo hagan de forma exacta. Es evidente que personas diferentes pueden hacer el mismo trabajo o ejecutar la misma idea, pero únicamente tú les pones tu sello exclusivo. ¿Has observado alguna vez que cuando dos o tres personas elaboran exactamente la misma receta, ninguno de los platos resultantes sabe igual que los demás? En cualquier plato, el chef siempre es el ingrediente principal. Y de ti depende acceder a tu especialidad exclusiva. Yogananda nos aconseja que reconozcamos las tendencias que nos hacen únicos.

Crear desde esa exclusividad que llevas en el corazón significa que ejerces tu expresión única del Espíritu para contribuir a que los demás y tú mismo avancéis. Además, proporciona a tu proyecto o idea la mejor oportunidad de que tengan éxito, porque van acompañados de tu auténtica magia. Cuando encarnas a tu verdadero *Ser* de tu interior y creas desde ese lugar, creas las mejores cosas posibles. Desde este lugar, puedes confiar en lo que estés creando. Pero cualquiera que sea el éxito comercial que pueda tener o no, lo grande o pequeño que sea según los estándares exteriores, pones en lo que creas una parte de tu corazón, y este es el regalo exclusivo que le haces al mundo.

En primer lugar, tienes que acceder a la inteligencia superior que reside dentro de ti y crear desde ese punto. De aquí es de donde puedes extraer todas las grandes ideas: desde este lugar de pura potencialidad. De ahí la capital importancia de disponer en tu vida de un espacio para la calma y el silencio. Antes de cualquier gran empeño, primero medita y entra en tu interior para después empezar a crear algo fuera. Yogananda nos instruye: «Antes de embarcarte en una empresa importante, siéntate en silencio, aquieta los sentidos y pensamientos, y medita profundamente. De este modo, después te guiará al gran poder creativo del Espíritu».[6]

Conozco a muchas personas que ganan mucho dinero, como seguramente tú también, pero se sienten tristes. No ponen el corazón en lo que hacen. Están inquietas, insatisfechas, buscando a menudo distracciones como esa copa al final de la jornada todas las noches. Tener dinero es fantástico, cómo no, pero si estás leyendo este libro, es porque quieres crear en tu vida algo más que dinero.

DE LO CUANTITATIVO A LO CUALITATIVO

Es imposible expresar con palabras tu esencia única. El Espíritu y la energía, en su verdadero sentido, escapan a la definición. Pero cuando canalizas tu expresión exclusiva hacia empeños exteriores, las palabras se encarnan, las relaciones empiezan a florecer, las ideas se manifiestan, y experimentas una renovación en tu capacidad de crear tu destino. Podemos ayudarnos ampliando nuestro vocabulario referente a lo que es posible. Aquí tienes algunos ejemplos de adjetivos que pueden empezar a apuntar a tu esencia única:

Cálido(a)	Reflexivo(a)	Pacífico(a)
Amable	Compasivo(a)	Desprejuiciado(a)
Cariñoso(a)	Alegre	Abierto(a)

A continuación puedes comenzar a comprender cómo tu esencia exclusiva se traduce en cualidades y cómo estas cualidades emergen de forma natural en tu mundo. Y así sabrás después cómo usar tus dones de la forma más eficaz. He aquí algunos ejemplos:

1. Trabajas con la gente mayor con talante particularmente cálido y reconfortante.

2. Has creado una forma completamente distinta y eficaz de ayudar a los niños a leer las partituras de música.

3. Tienes un modo distintivo de percibir el color, lo cual te convierte en un maquillador o una maquilladora espectacular en el plató.

4. Tienes una capacidad innata de conectar profundamente con las personas a las que entrenas y sabes cuál es la mejor manera de motivarlas e inspirarlas. Decides aprovecharla para elaborar un programa de puesta en forma completamente nuevo y enseñar a otros a que también lo sigan.

5. Posees una forma natural de ver la imagen panorámica y descomponerla armoniosamente en equipos diferentes, lo cual te convierte en un excelente director de proyectos.

Autorreflexión: tu energía en forma; primera parte

Por favor, escribe en tu diario las respuestas a las siguientes preguntas:

1. ¿Cuáles son algunos rasgos positivos que otras personas utilizan para describirte?

2. ¿Cuáles son algunas razones que te llevan a pensar que únicamente tú haces las cosas correctamente? Pueden ser cualidades inapreciables que en tu opinión no tienen nada de especial, pero anótalas todas, las importantes y las que consideras insignificantes.

No te preocupes de traducir ahora mismo esto en algo de mayor envergadura; de momento limítate a observar estas cosas cotidianas. Aquí tienes algunos ejemplos:

1. Siempre tengo la casa perfectamente ordenada.
2. Me llevo bien con todos los vecinos, incluso con los gruñones.
3. Cuando hablo, la gente realmente me escucha.
4. La gente siempre acude a pedirme consejo sobre sus relaciones.
5. Tengo facilidad para comprender ideas complejas y desmenuzarlas para que otros también las entiendan.
6. Tengo buena mano para la jardinería; todas las plantas crecen y lucen con todo su esplendor.
7. Puedo preparar platos suculentos con lo que encuentre en la nevera.

Dentro de un momento iremos alargando esta lista…

DEJA QUE TU CORAZÓN TE LLEVE

La pasión es una herramienta creativa y una forma de intuición. Es el modo que tienen nuestro cuerpo y nuestra mente de saber que existe un poder superior que nos guía para que tomemos buenas decisiones y aprovechemos nuestras dotes y nuestra fuerza de voluntad. La pasión se siente como un fuego interior y es un indicio de dónde aprovecharía mejor nuestra fuerza. Además, va unida a la inspiración, que utilizamos en nuestras acciones. Y estar inspirado equivale a estar lleno de Espíritu.

En psicología, la pasión se define como un fuerte deseo de algo que las personas consideran importante. Robert Vallerand, profesor de Psicología de la Universidad de Quebec y especialista en procesos motivacionales, propone, junto con sus colegas, dos tipos de pasión: la obsesiva y la armoniosa. La pasión obsesiva genera control, perseverancia inquebrantable y presión, mientras que la pasión armoniosa se refiere a una sana evolución y un sentimiento interior que te empujan a conseguir algo para después intervenir en acciones relacionadas con ello. Aquí estamos hablando de la pasión armoniosa, por la que sentimos un impulso natural hacia algo que queremos conseguir, pero sin la preocupación malsana que nos puede llevar al apego.

La pasión no se puede simular. La sientes o no la sientes. Es importante que no ignores ni elimines tus pasiones sanas, sino que las analices para ver a dónde te pueden llevar. Tu auténtica pasión puede ser eso que te atrae inicialmente o es posible que lo que te atrae en la actualidad solo sea parte del camino que te conduce a tu pasión y tu propósito más profundos.

Por ejemplo, en los inicios de mi viaje al bienestar me apasionaba la comida. Me sentía abotargada y sin fuerza, llena de acné y con un pelo áspero que no crecía. La comida, el combustible físico del cuerpo, se convirtió en una pasión por cuyo aprendizaje vivía y respiraba todos los días. Cuando, al cambiar de dieta, experimenté algunos cambios físicos tangibles en mi cuerpo, me propuse estudiar e investigar todo lo relacionado con la nutrición con actitud casi obsesiva, trabajé en diferentes clínicas y dediqué cientos de horas a experimentar con distintas recetas a base de productos vegetales.

Pero después de escribir mis primeros libros sobre principios dietéticos, no podía negar que mi pasión por la alimentación se había ampliado. No es que dejara de preocuparme por la comida, porque lo sigo haciendo con pasión. Pero había aprendido a comer y escrito mucho al respecto. Después de aquello, estaba lista para avanzar, para seguir aprendiendo y creciendo. Añadí a mi trabajo la enseñanza de una filosofía holística para sentirse bien que aún incluye la alimentación, pero también la mejor manera de cuidar de tu cuerpo, nutrir tu salud emocional y mental, y alimentar tu crecimiento espiritual. Se trata de mis cuatro pilares de la filosofía de la verdadera *Belleza* y el verdadero *Bienestar* al que me referí anteriormente... ¿Entiendes cuánto me apasiona el tema?

En todo ese proceso, el objetivo era y siempre ha sido ayudar a sentirse bien a los demás, un objetivo que nunca dejé de ampliar y en el que siempre he seguido profundizando. Al ir dando nuevos pasos, podía ver más que antes de darlos. Empecé a darme cuenta de que, aunque mi pasión inicial por la alimentación era importante, para sentirme realmente bien en el sentido que pretendía, tenía que ir más allá de lo que comía. Mucho más allá. Sentirse bien de verdad es una cuestión de conexión: con los demás, con nuestro cuerpo y, en particular y ante todo, con el verdadero *Ser*.

¿Qué te apasiona ahora mismo? Lo que importa de la pregunta es ese «ahora». Lo que ahora te apasiona puede ser distinto de lo que te apasionaba hace unos años o incluso unos meses. A medida que evoluciones, es importante que sigas comprobando qué es lo que te pone en marcha y dirigir el foco hacia esa pasión y atenderla con mucho mayor interés.

Autorreflexión: tu energía en forma; segunda parte

Por favor, escribe en tu diario las respuestas a las siguientes preguntas:

1. Si estuvieras completamente abierto(a) a todas las posibilidades (sin tratar de sopesar los pros y los contras), ¿qué es lo que ahora realmente te apasiona de verdad?

2. ¿De qué forma los rasgos positivos que los demás observan en mí de modo natural (recuerda la pregunta 1 de «Autorreflexión: tu energía en forma; primera parte») y los que yo mismo(a) observo apoyan esta pasión? Por ejemplo, si te

encantara abrir una página web de consejos para las mamás, cualidades como la calidez y la mentalidad abierta y desprejuiciada se filtrarían a través de lo que escribieras y atraerían a las mamás hacia tu web.

3. Mi forma exclusiva de hacer las cosas (recuerda la pregunta 2 de «Autorreflexión: tu energía en forma; primera parte»), incluso cosas que no guardan relación alguna, ¿cómo se podría traducir de un modo u otro en una de mis pasiones o en parte de alguna de ellas? Por ejemplo, supón que te llevas bien con todos tus vecinos, incluso con los más cascarrabias, en este caso, podrías moderar de forma sosegada a los componentes de los chats de tu página para mamás, por ejemplo ayudando a quitar hierro a las discusiones entre los miembros de esos chats y procurando que todo el mundo se sienta cómodo.

4. ¿Cómo podría hacer con mis pasiones algo real y creativo? ¿Qué se espera que cree ahora mismo? Antes de responder, no te olvides de hacer tu meditación. Puede ser una meditación breve, pero, por favor, cierra los ojos, ponte en postura de meditar y medita. Si te es imposible hacerlo en este preciso momento, espera hasta después de tu siguiente meditación de la mañana o la noche y anota en tu diario las respuestas a estas preguntas.

AMPLIAR EL CÍRCULO

Cuando amplías tus ideas para que incluyan el bienestar de los demás, tu capacidad de manifestación explosiona. ¿Por qué? Porque pasamos del aislamiento y la separación a formar parte del todo y ponernos a su servicio. Y cuando somos parte del todo, tenemos abierto de par en par el acceso a los poderes que Dios nos ha dado y que fluyen a través de nuestra persona. Imagínatelo como el flujo de la sangre en nuestro cuerpo. Cuando la sangre se mueve libremente, aporta toda la fuerza vital a cada una de las partes de nuestro cuerpo. Pero si la sangre se coagula hasta suponer un peligro —si deja de fluir libremente y se detiene y acumula en determinadas zonas—, ¿qué puede ocurrir? Un ataque cerebral, un infarto, la muerte. Lo mismo le ocurre a nuestro espíritu si no fluimos sin obstáculo alguno.

Amar a tu familia y a quienes componen tu círculo más cercano es fantástico, pero debemos extender este amor al mundo. Es fundamental que lo hagamos, porque nos lleva de nuevo a nuestro tema recurrente de la iluminación: la expansión. Cada vez que actúes de forma limitada y cicatera, recortas tu potencial: el de crecer, el de la abundancia, el del amor, el de todo. Esto significa que cuanto más das, más recibes a cambio. Aunque pueda parecer un tópico, es lo que ocurre.

Estar unidos a todos nuestros hermanos y hermanas es nuestro estado natural. No se supone que tengamos que vivir vidas separadas en las que solo pensemos en nosotros mismos. Cuando lo hacemos, es por una auténtica mentalidad de carencia, que nos corta el suministro universal de abundancia. Así pues, debes saber que si quieres cargar tu vida a tope, has de asegurarte de incluir en lo que hagas, digas o pienses lo bueno que hay en todo.

Brian Tracy, con sus más de ochenta libros sobre el éxito y el crecimiento personal, lo explica a la perfección cuando dice: «Las personas de éxito siempre buscan la oportunidad de ayudar a los demás. Quienes fracasan, siempre preguntan: "¿Y a mí qué me toca?"».[7]

Esto me recuerda a Scott Harrison, a quien tuve el placer de entrevistar para mi pódcast. Scott era un tipo amante de la buena vida que volaba por todo el mundo como promotor de un club. Pese a todo el éxito material en los departamentos de «botellas y modelos», como me dijo en el programa, cada vez se sentía más vacío. La vida se le hacía superficial, y todo lo que tanto lo había ilusionado se desvaneció hasta quedar en nada.

En resumen, Scott empezó a darse cuenta de que había dedicado mucho tiempo a pensar en sí mismo y muy poco en ocuparse de los demás. Pronto comenzó a trabajar como voluntario y a encontrar un sentido nuevo a lo que significa realmente estar vivo. Poco a poco se fue concentrando en ayudar a los demás, algo a lo que dedicaba todo su tiempo, y aprovechando lo mucho que sabía de mercadotecnia fundó Charity: Water, una organización sin ánimo de lucro que todos los años obtiene millones de dólares que dedica a construir pozos para miles de personas de comunidades que hasta entonces no disponían de agua potable. En su éxito fue fundamental pensar en lo que pudiera ser mejor para quien fuera.

Pruébalo tú mismo y observa cómo la ley de la provisión se amplía cuando utilizas intencionadamente tu voluntad para contribuir a alcanzar algo mejor, sea como sea que te lo diga desde el corazón. Y, como dice Yogananda: «En el momento en que no amas únicamente a tu familia, sino que extiendes este amor a todas las personas, inicias tu camino hacia Dios».[8]

UNA FUERZA DE VOLUNTAD DINÁMICA

Una vez que tengas clara tu idea, o tus ideas, sobre lo que te apasiona, ha llegado la hora de que uses tu voluntad y tu fuerza para actuar. La voluntad es fundamental en las enseñanzas de Yogananda. Ya hablamos de ella en el capítulo doce, pero es realmente importante comprender que está relacionada con crear lo que quieras, así que volveremos a hablar de ella, ahora de forma más detallada.

Cuando hablamos de fuerza de voluntad, básicamente nos referimos a hacer lo que nos proponemos, sea participar en una carrera, ganar dinero, ahorrarlo, educar a un hijo, etc. Los psicólogos coinciden en que parte de la definición de fuerza de voluntad es la capacidad de posponer la gratificación, resistiendo las tentaciones de lo inmediato para alcanzar objetivos de mayor calado.[9]

Yogananda hablaba a menudo de «la fuerza de voluntad dinámica» para referirse al uso de la voluntad cada vez con mayor determinación, cualesquiera que sean las circunstancias. «Llevar una idea o una reflexión con fuerza de voluntad dinámica significa mantenerla hasta que ese pensamiento desarrolle una fuerza dinámica. Cuando un pensamiento se hace dinámico por la fuerza de la voluntad, puede crear o recolocar los átomos siguiendo el modelo deseado y de acuerdo con el plan de acción mental que hayas creado», dice.[10]

El pensamiento *tiene* fuerza. Más de la que puedas imaginar. Cuando Yogananda hablaba del «plan de acción mental», se refería a crear a partir de tus pensamientos. Algo que avala tal idea en el ámbito de la ciencia es el descubrimiento de las «neuronas espejo». Según el doctor Srini Pillay, un físico formado en la Universidad de Harvard, cuando observamos a alguien que hace algo, el mismo patrón de activación del cerebro posibilita que el observador ponga en marcha una simulación como si él estuviera haciendo lo mismo.[11] Estas activaciones del cerebro se observan en sus cortezas premotora y parietal. Así que, en teoría, si puedes ver en tu mente lo que te propones y aquello en lo que sueñas, tu cerebro puede empezar a crear patrones neuronales como si esas cosas ya se estuvieran produciendo y contribuir a hacerlas realidad.

Te aferras al conocimiento interior de tu verdadero *Ser*, y lo ves al completo. Si no dejas de creer en tu objetivo y trabajar para alcanzarlo, el poder Divino acudirá en ayuda de tus esfuerzos. No se supone que debamos andar a la deriva y limitarnos a declarar lo que queremos y, a continuación, sentarnos a esperar que alguien nos lo dé. Hemos de usar la voluntad que Dios nos ha dado.

Los detalles siempre se pueden resolver, de modo que no te preocupes ahora de esta parte. Dirige tu iniciativa a que descubra ideas nuevas y creativas. Las llevas en tu interior.

Algunos estudiosos de la psicología defienden la teoría de que la fuerza de voluntad es finita y únicamente guarda relación con una reserva limitada de la energía mental. Cuando te quedas sin esta energía, se acabaron tu fuerza de voluntad y tu autocontrol.[12] Sin embargo, según estudios recientes, tal teoría queda en entredicho. Entre estos estudios están las investigaciones de la psicóloga Carol Dweck y sus colegas, publicadas en *Proceedings of the National Academy of Sciences* ('actas de la academia nacional de ciencias'). Dweck concluye que las señales de una progresiva falta de fuerza de voluntad o de autocontrol solo se observaron en sujetos que *creían* que la fuerza de voluntad era un recurso limitado. Otros sujetos que realizaron las mismas pruebas pero no pensaban que la fuerza de voluntad era finita, no mostraron esas señales.[13]

Michael Inzlicht, profesor de Psicología de la Universidad de Toronto e investigador principal del Toronto Laboratory for Social Neuroscience ('laboratorio de neurociencia social de Toronto'), también piensa que la fuerza de voluntad no es un recurso finito sino que, por el contrario, actúa de modo similar a como lo hace un sentimiento. Su teoría es que tu fuerza de voluntad tiene su flujo y reflujo en función de lo que te ocurra y cómo te sientas, del mismo modo que no te puedes quedar sin los sentimientos de ira o alegría.[14]

Podría pensarse que no se puede confiar únicamente en la fuerza de voluntad para llevar a cabo las tareas y cumplir con las obligaciones cotidianas, por ejemplo para mejorar tu estado físico. A veces pensamos que tiene que ser algo más complejo y que necesitamos otras herramientas. Crees que para estar en forma has de realizar diferentes tipos de ejercicios, utilizar más equipos u otros distintos, recurrir a las aplicaciones *online* para seguir motivado y reservar espacio en tu agenda para el ejercicio físico y el entrenamiento.

No voy a criticar estas ideas. Todos estos medios pueden ser de extrema utilidad y formar parte de la creación de lo que nos propongamos, pero si quieres mejorar tu forma física, no tienes más alternativa que empezar por tu voluntad. Tienes que seguir pensando en primer lugar en conseguir un buen estado físico y después comprometerte a emplear en ello tu voluntad dinámica.

Yogananda no solo enseñaba que poseemos esta poderosa voluntad Divina, sino que *se supone* que la hemos de usar. Dice: «Recuerda: Dios está contigo. Ejerces Su poder, que has tomado prestado de Él, y cuando actúas así Él estará más cerca de ti para ayudarte».[15] El gurú de Yogananda, Swami Sri Yukteswar, decía que cualquier cosa que imagines se te hará realidad si tienes fuerza de voluntad. ¿Realmente puede ser así de sencillo?

Sí, así es, pero sencillo no significa fácil. Significa usar el don de tu voluntad y canalizarlo para que llegue al duro trabajo. Dice Yogananda: «Una casa propia para tu familia no te va a caer del cielo; tendrás que emplear tu fuerza de voluntad continuamente a través de acciones positivas [...] Aun en el caso de que no exista nada en el mundo que coincida con lo que deseas, el resultado que deseas se manifestará de un modo u otro».

Accede a tu voluntad, y tu voluntad creará algo mágico. *Eres* creador por naturaleza, así que aporta al mundo las creaciones que solo tú puedes aportar.

Consejos prácticos para ser creador

1. **Medita para adaptarte a tus mejores ideas.** Uno de los mejores momentos para pedir orientación es después de hacer la práctica de la meditación, cuando tu mente está en calma y has conectado con tu verdadero *Ser*. Si primero conectas con tu interior, podrás orillar la lógica de la mente y llegar a la intuición más profunda, donde tienes a tu disposición las ideas superiores y mejores.

   Yogananda insistía en la importancia de contactar siempre con el Espíritu antes de tomar cualquier decisión o emprender proyectos importantes. Siéntate tranquilamente, calma la respiración y los razonamientos, y deja que tus sentidos se serenen. Practica las técnicas básicas de meditación que se explican en este libro y medita con la mayor profundidad que puedas. Después te orientará lo que Yogananda llama «el gran poder creativo del Espíritu».

2. **Resérvate momentos para el silencio.** Cuando no dejamos de hablar, observamos que nuestra energía creativa fluye continuamente hacia el exterior, y no disponemos de espacio alguno para escuchar, ni siquiera a nuestra intuición y orientación, lo que se refiere a cómo avanzar cuando pretendemos manifestar alguna cosa. Dice Yogananda que en los momentos de sosiego e introspección, nos alejamos de «los razonamientos frenéticos» y, en su lugar, avanzamos hacia una «tranquilidad de los pensamientos, que a continuación son reemplazados por la percepción intuitiva».[16] En mi caso, mi momento precioso de silencio es esa hora que todos los días dedico a salir a dar un paseo. Lo dejo todo para salir a la calle, porque es verdad que en casa ese tiempo de silencio lo puede interrumpir

alguno de los niños, un miembro del equipo o mi marido, que vienen a pedirme o preguntarme cualquier cosa.

3. **Utiliza la visualización.** Visualiza el resultado final de tu idea creativa, aun en el caso de que no tengas todavía todas las respuestas ni conozcas todos los pasos que habrás de dar para llegar a donde te propongas. Imagina y siente con la mayor claridad de que seas capaz la ilusión que te producirán los detalles de tu idea definitiva. Asegúrate de incluir las visiones de cómo se van a beneficiar los demás, cómo, de un modo u otro, su calidad de vida va a mejorar.

4. **Emplea la convicción.** La visualización sola no te va a llevar al destino que te has propuesto. A continuación, debes usar el poder de tu fuerza de voluntad para convertir tu visualización —eso que quieres crear— en una clara convicción. Y «cuando puedas mantener esta convicción frente a cualquier contratiempo —dice Yogananda—, se hará realidad».[17]

5. **Escríbelo.** Cuando observes por primera vez que empieza a germinar y asomar una idea, y durante todo el proceso de su crecimiento, escribe en tu diario lo que vayas pensando al respecto. Es el primer paso para convertir tu idea o tu visión en algo real. Olvídate de la máquina de escribir o el ordenador y procura escribirlo todo a mano, pues los estudios demuestran que de este modo obligas al cerebro a que participe mucho más en tu empresa.[18]

6. **Gestiona tus propias costumbres.** Yogananda habló profusamente del enorme impacto que nuestros hábitos tienen en nuestra vida, incluida nuestra capacidad de conseguir que nuestros sueños se hagan realidad. Dice: «¿Por qué será que a veces actúas, o reaccionas, en contra de tus verdaderos deseos? Porque durante cierto tiempo has ido adquiriendo costumbres opuestas a dichos deseos, unos hábitos que tus

acciones halagan de forma automática. Ante todo debes adquirir hábitos que influyan en tus acciones para que alienten tus auténticos ideales».[19]

Pregúntate si tus costumbres cotidianas favorecen o entorpecen lo que deseas crear. Si quieres crear una salud óptima, pero aún no te has decidido a dejar de fumar, tal vez quieras dar marcha atrás y replantearte tu objetivo. O si lo que quieres es montar un buen negocio, pero siempre llegas tarde a las reuniones matinales del personal porque se te pegan las sábanas, tus acciones no están precisamente favoreciendo ese propósito. Así pues, observa tus hábitos cotidianos y comprométete a mejorarlos o abandonarlos cuando te sientas dispuesto.

7. **Dirige bien a otras personas.** En el camino de crear tus sueños, sea una vida familiar más sana o lanzar una nueva línea de joyería o un negocio de compraventa de diversos artículos, tendrás que contar necesariamente y de múltiples formas con otras personas. Entre ellas, fabricantes, clientes, la familia, los amigos, los profesores y entrenadores de tus hijos, un equipo de ventas, un equipo informático, etc. De ahí la gran importancia de que gestiones bien tus relaciones con todas estas personas. Las relaciones humanas pueden deparar sorpresas desagradables y peligrosas en todos los frentes, porque cada uno tenemos nuestras propias sensibilidades y desencadenantes de reacciones inesperadas, incluidos aquellos con los que trabajas, de modo que es importante tratar a cada uno de la forma más favorable posible. Yogananda nos advierte: «Si te acercas a los demás no con la actitud de quien quiere imponerse o está airado, sino con un amor sincero, serán poquísimas las personas que te malinterpreten».[20]

Deja que sea tu corazón el que te dirija, no tu ego, y cuando vayas a comunicarte y tomar decisiones que contribuyan al éxito de tus creaciones, ten siempre presente el objetivo de que dichas creaciones sean positivas y beneficiosas para todos.

8. **Aléjate de quienes te hagan dudar.** Cuando tus sueños empiecen a hacerse realidad, como la más diminuta de las semillas, tal vez quieras alimentarlos con tranquilidad y en privado durante un tiempo. Incluso tus más allegados, y aun con la mejor de las intenciones, pueden hacer que dudes de tu pujante fuerza de voluntad, por lo que te puedan decir o incluso por alguna que otra mirada de desaprobación. Reserva para las semillas de tus nuevas intenciones algún espacio donde puedan respirar y echar raíces antes de compartirlas con los demás, para no perder nunca de vista lo que te propones. No quieres malgastar energía intentando convencerlos de la viabilidad de tu proyecto cuando puedes usar esa energía para trabajar en el propio objetivo que te hayas propuesto.

9. **Usa la perseverancia.** Usar tu voluntad es como entrenarse para una maratón o una escalada. Un día puedes correr como un campeón. Otro día te cuesta muchísimo hacer la mitad de lo que hiciste al comenzar la semana. No te rindas nunca. Mantente concentrado(a) en tu objetivo, consciente de que la creación que te has propuesto la tienes al alcance de tus manos. Como dice Yogananda: «En cuanto tu atención esté centrada, llegará el Poder de todos los poderes, y así podrás alcanzar el éxito espiritual, mental y material».[21]

Capítulo 20

PRÁCTICA: MEDITACIÓN, 3.ª PARTE - EXPANDIR LA LUZ

El devoto es consciente de que el objetivo más importante
de la vida es llegar a la meta de la Autorrealización: conocer
mediante la meditación la naturaleza de su verdadera
alma y su unicidad con el siempre feliz Espíritu.

—PARAMAHANSA YOGANANDA[1]

E s posible que oigas hablar de «amor y luz» por todas partes. Nos hemos ocupado del amor, y en algunos casos hemos hablado de la luz, pero ¿qué *es* exactamente la parte de la luz? La luz está más allá de cualquier forma. Es pura energía. En el *Bhagavad Gita* se habla a menudo de la *energía cósmica* o la *luz cósmica* con el nombre de *Vivasvat*, 'el que brilla o difunde la luz'. Yogananda explica: «Esta omnipresente energía cósmica o luz cósmica existe en el hombre como el sol microscópico del ojo espiritual, que se hace visible durante la meditación cuando la conciencia del devoto y la doble corriente de los dos ojos físicos se concentran en el punto intermedio de las cejas».[2]

Podemos acceder a la luz de nuestro interior centrándonos en el tercer ojo, como veíamos en el capítulo diez. La luz llega a nuestro ser a través del bulbo y después se irradia al tercer ojo, gracias a lo cual podemos ver con los ojos de Dios. En nuestros esfuerzos por conocer realmente al verdadero *Ser* y acceder a la luz, es esencial dedicar más tiempo a centrarnos con progresiva profundidad en el tercer ojo durante la meditación. Cuando ponemos toda la atención en este punto concreto, empezamos a adaptarnos a la energía que hay en él. Entonces podemos comenzar a conocer nuestra auténtica naturaleza. En un principio puede ser una idea mental: «Ah, ya entiendo, mi tercer ojo está donde se supone que debo concentrarme cuando medito». Después pasa a ser una experiencia real, un sentimiento de fusión, cuando sientes que cada una de las células de tu cuerpo es el Espíritu. Con tu constante práctica de la meditación, comenzarás a experimentar la luz del ojo espiritual. Dice Yogananda: «El yogui que va ascendiendo experimenta en primer lugar la luz interior, y después la percepción cósmica».[3]

Y a medida que sigas expandiéndote, también verás que el Espíritu te devuelve su imagen reflejada en todas las cosas: las personas, las mascotas, los pájaros de la ventana, tu habitación, tus muebles, tus plantas, los árboles, los edificios, los pueblos, la ciudad, en todas partes y en todas las cosas. No existe nada fuera de la Fuente. No hay nada que no haya sido creado por la Fuente. Esto quiere decir que todo lo que te rodea contiene en su interior lo Divino. Cuanto más medites, antes empezarás a comprenderlo. De hecho, la palabra *rishi*, que se refiere a los sabios espirituales de la India, literalmente significa 'el que ve'. Los *rishis* son quienes han visto con su tercer ojo y viven en la Tierra provenientes de ese lugar de una mayor conciencia expandida. Ven —en el pleno sentido de la palabra— más verdad. ¿Y sabes una cosa? También tú y yo podemos empeñarnos en ver más. Es un camino exento de obstáculos y abierto para todos, no solo para unos pocos santos privilegiados.

La primera vez que viví una experiencia de conciencia encarnada de la luz, iba paseando sola por las montañas cercanas a mi casa. Levanté la vista hacia los rayos del sol que se filtraban a través de unos robles, y hubo un momento en que sentí un destello de absoluto conocimiento. Fue una experiencia mágica, de las que te cambian la vida. Sentía la luz en todas las células. Era como un enorme reflector con millones de vatios de potencia que alumbraban el suelo y después a través de cada milímetro de mi cuerpo. Tuve una sensación de purificación y concentración. Todas mis inseguridades, todos mis temores y todas mis preocupaciones se diluyeron. Todas las pequeñas cosas cotidianas, las molestias, la sensación de que te falta algo, la idea de no ser todo lo que se espera de ti, me parecieron completamente irrelevantes y ridículas.

Fue una experiencia que no duró más de unos pocos minutos, pero realmente me cambió. Ahora, cuando medito, vivo este tipo de experiencias con mayor regularidad y, al igual que aquella primera experiencia, aparecen, ahora con mayor frecuencia, de forma espontánea en mi vida diaria. Esta práctica de la meditación te puede permitir entrever los abrumadores niveles del amor del Espíritu. Este amor supera cualquier otro que hayamos sentido aquí en la Tierra, y además te permite abrir más tu corazón y confiar en ti mismo y en los demás de forma más incondicional.

Pues bien, la verdad es que ya posees un nivel de este tipo de experiencias en tu vida. Es posible que no las hayas notado ni te hayas dado cuenta de que se estaban produciendo. Quizá estabas conduciendo, cambiándole el pañal a tu bebé, planchando o doblando la ropa, preparando un batido de frutas, dándole un beso a tu ser querido o simplemente yendo a buscar el correo, cuando tuviste un fogonazo de «conocimiento», un momento en que todo te parece bueno, correcto, centrado. Cuando así ocurre, estás teniendo una visión del verdadero *Ser*. Es posible que no te sientas alegre, pero tampoco te sentirás triste. Simplemente estás, presente en este momento. Muchas veces, cuando percibimos estos momentos, salimos rápidamente de ellos. Y no pasa nada. Lo que hace la meditación es ayudarte a experimentar mayor número de esos momentos de «conocimiento» durante periodos cada vez más largos y a profundizar en ellos y en los sentimientos de total unidad con todo.

El verdadero *Ser* se conoce a través de la experiencia. Todos los conocimientos e ideas de los que hemos estado hablando en este libro son esenciales para profundizar en el conocimiento e impedir que la mente siga siendo un obstáculo. Pero, en última instancia, se trata de allanar el sendero de la auténtica meditación, el camino que lleva a la experiencia del Espíritu.

LA UNICIDAD

Esta práctica de la meditación se centra en la expansión. Se basa en una técnica que Yogananda nos enseñó para mostrarnos que cuando expandimos nuestra conciencia, vamos un poco más allá del pequeño ego, el pequeño yo, y nos damos cuenta de la verdad de la Unicidad.

Cuando alcanzamos la Unicidad, es un auténtico punto de inflexión. La Unicidad convierte nuestra perspectiva de la pequeñez y la competencia en la de la fusión y la armonía. El gran poder creativo se manifiesta de múltiples formas, a través de todos nosotros y de todas las cosas. Esto es lo que significa realmente la Unicidad. Aunque podamos parecer y actuar de forma diferente y tener cuerpos y formas distintos, todos procedemos de la misma fuente. Por lo tanto, todos estamos conectados y, además, podemos acceder a todo lo que existe. Es una fuerza inconmensurable. ¡Hablo de ser más de lo que crees! Dice Yogananda: «Todos los humanos no solo son nuestros amigos, sino nuestro Yo. Los amigos son Dios disfrazado».[4]

Pasemos ahora a la práctica. No nos detengamos y avancemos hacia la Luz.

1. **Siéntate donde suelas hacerlo para meditar en la postura adecuada.** Asegúrate de enderezar la columna vertebral.

2. **Empieza con una intención.** Centra la mente y comienza la práctica.

3. **Haz el ejercicio de respiración preliminar que aconseja Paramahansa Yogananda de tensar y relajar el cuerpo (descrito con detalle en el capítulo siete).**[5] Estos son algunos puntos que recordarás de esta técnica: inhala, retén el aire en los pulmones, tensa por completo el cuerpo y cuenta hasta seis. Después, expulsa el aire con una doble exhalación: «huh», «huhhh», un sonido producido por el aire al salir. Al mismo tiempo, relaja toda la tensión del cuerpo. Repite el ejercicio tres veces.

4. **Respira y haz el ejercicio de alargar las pausas.** Lo ideal es que el ejercicio te lleve entre cinco y diez o más minutos, porque ya cuentas con una práctica acumulada (para más detalles, consulta de nuevo el capítulo cuatro).

5. **Observa la luz.** Después de dar los pasos iniciales para asentarte en tu meditación, levanta la mirada interior hacia tu tercer ojo. Comienza a repetir el mantra sencillo (paz o *shanti* u otra palabra que prefieras) y empieza a visualizar una luz blanca. Imagina que el punto de luz está puesto exactamente en tu tercer ojo. Incluso puedes tocar ligeramente con un dedo ese punto (situado entre las cejas y más o menos a 1,25

centímetros por encima de ellas) para que te ayude a concentrarte en este punto concreto.

Dedica a esta parte de la práctica como mínimo dos o tres minutos al principio y un poco más cuando te vayas acostumbrando a ella.

6. **Difunde la luz por todo tu cuerpo.** Ahora imagina que la luz comienza a integrarse en un círculo cada vez más grande, hasta abarcar toda tu frente. Sigue difundiendo la luz por la cara y deja que baje por el cuello y los hombros, siga por los brazos, el torso y a lo largo de las piernas. Imagina que la luz cubre por completo todas las células de tu cuerpo. Permanece en esta luz palpitante unos minutos, o todo el tiempo que creas oportuno, hasta que te sientas que has completado el ejercicio.

7. **Expande la luz más allá de tu cuerpo.** Imagina ahora que la luz se expande y aumenta más allá de tu cuerpo, en un movimiento de 360 grados a tu alrededor, como si tu cuerpo fuera una bola gigante de las que abundan en las discotecas que irradia la luz en todas direcciones. Ve y siente la luz que brilla en esa silla o el espacio que te rodea, en la habitación y la casa o el edificio donde te encuentres. Observa cómo se expande por todos los alrededores.

Continúa visualizando esta luz que se prolonga mucho más allá de lo que alcanza tu vista, más allá de tu pueblo o tu ciudad, tu estado y el país en el que vives.

Sigue así. Visualiza la luz que cruza los océanos, supera las montañas y llega a todos los países del planeta, hasta que todo el mundo está iluminado con esta radiante luz blanca. Después, ve más allá del planeta y observa la luz que llena el cosmos: las estrellas y otros planetas y los espacios oscuros intermedios de todo el multiverso.

Quédate en este espacio de conciencia expandida unos minutos.

8. **Asimila los sentimientos de la Unicidad.** Cuando sientas que la luz que empezó como un solo punto se expande hasta abarcar todo el universo y más allá de él, acuérdate de que formas parte de todas las cosas y a todas ellas estás conectado(a). Y, realmente, no hay nada ni nadie que esté fuera de la luz.

Es una realidad imposible de expresar con palabras. Una experiencia en la que con el tiempo irás profundizando, cuando te ocupes en tu práctica y no experimentes nada realmente consistente que te separe de nada. No hay nada realmente «separado» de ti. ¿No me crees? Prueba este pequeño experimento de razonamiento.

Imagínate de pie a una distancia de más o menos un metro de un amigo o algún ser querido. Piensa en una cámara que va sobrevolando entre tú y tu amigo. Después, con un mando a distancia con pantalla, haz que la cámara ascienda 150 metros, luego 300, después 1.500 y a continuación 15.000. ¿Qué ves? A medida que la cámara va subiendo, ves que la distancia que te separa de tu amigo se va reduciendo progresivamente. Llega un punto en que en realidad ambos compartís el mismo espacio. Y cuando envías la cámara al espacio exterior, observas que compartes el mismo espacio con todo el mundo. Esta es la gloria del verdadero *Ser*: ve desde muy cerca y desde muy lejos. Ve las enormes diferencias que hacen que tú seas tú y que yo sea yo, pero también ve que realmente todos somos parte de una única creación.

Asimilar la Unicidad como algo que trasciende de un concepto intelectual para convertirse en auténtico conocimiento puede requerir cierto tiempo. Pero puedes empezar a visualizarlo y mostrarte abierto(a) a lo que significa.

La Unicidad solo puede llegar una vez que, antes que nada, seas capaz de ver la luz en ti. Ten, pues, paciencia. Sigue con tu práctica. A mí me costó cierto tiempo ver la luz de mi interior y después fuera de mí, pero me llegó. Y también a ti te llegará. La luminosidad exponencial que sentirás, el amor más profundo y la paz interior merecen cualquier esfuerzo.

9. **Termina dando gracias.** Como siempre, queremos mostrar nuestro agradecimiento por estar vivos. El simple hecho de estar en este camino ya es todo un regalo.

Cuando hayas concluido la práctica, junta las manos en *Anjali* mudra —posición de rezo— delante del corazón. Como siempre concluimos nuestras meditaciones, dedica un momento a dar las gracias por el Espíritu, por tu respiración, por estas enseñanzas, por tu práctica y por cualquier otra cosa que te salga de forma espontánea del corazón. También puedes orar, si así lo prefieres.

Capítulo 21

TÚ ERES EL VERDADERO *SER*

Cuando trasciendes de la conciencia de este mundo, sabiendo que
no eres el cuerpo ni la mente, pero, pese a ello, eres más consciente
que nunca de que existes: esta conciencia divina es lo que eres.
Aquello en lo que hunde sus raíces todo lo que hay en el universo.

—PARAMAHANSA YOGANANDA[1]

Querido lector, lectora:

Imagina que estás sentado en una hermosa playa. Las olas del mar rompen delante de ti. Sientes el calor, la estimulante luz del sol sobre la piel y los pies que se te hunden en la fresca arena, mientras el agua se arremolina alrededor de los tobillos. Vive esta experiencia, relájate y observa cómo te inunda la paz.

Entonces, los pensamientos, sin que nada lo provoque, empiezan a martillear. Comienzas a sentirte ansioso y preocupado. «¿Dejé la cocina encendida? ¿Tengo saldo suficiente para ese cheque? ¡Oh, no! Olvidé mandar el correo a mi compañero de trabajo. Espero que la visita de mi amigo al médico no se complique. ¿Y si le descubre algún problema?».

Lo que era una sensación de paz se ha convertido en ansiedad. El cuerpo se te empieza a tensar y sientes la acostumbrada rigidez del cuello. Respiras superficialmente y, ante todo, te preguntas qué haces en esa playa en vez de estar en casa terminando el trabajo pendiente.

En este preciso momento sientes una mano que se posa en tu hombro. Sientes como si fuera la caricia más reconfortante y tonificante, y notas que una corriente de calma fluye por todo tu ser. Inmediatamente recuperas el estado de paz, salvo que ahora la sientes con más intensidad que cuando llegaste a la playa y te sentaste sobre la arena. *Sabes —sabes realmente—* todo el apoyo con el que puedes contar de verdad. Y te das cuenta de que, aunque el resto del mundo pueda ser un desastre, tú te sientes dispuesto a afrontar con plena seguridad cada momento tal como te llegue.

Esa mano que se te posa en el hombro es el verdadero *Ser*. El verdadero *Ser* siempre va contigo, en todos y cada uno de los momentos de tu vida, como tu mejor amigo portátil que no es que vaya a tu lado, ni siquiera que lo lleves en el bolsillo, sino que está dentro de ti. *Es tú.* Se acabó el tiempo de buscar respuestas fuera de ti. Resulta que la incansable busca de paz y alegría nunca fue por nada del mundo exterior. Esa energía que sentías —ese aleteo de mariposas en el estómago, ese deseo de mover el cuerpo, de ir a lugares, de tener experiencias nuevas, esa agitación de las manos— era exactamente el verdadero *Ser* que intentaba llamarte la atención.

Todas estas hermosas y poderosas cualidades Divinas de las que hemos hablado a lo largo de este libro irradian del verdadero *Ser*. Son las extremidades y los órganos del cuerpo del verdadero *Ser* que actúan juntos para componer lo que eres: tú. Todo lo que tienes que hacer es sintonizar estas partes de tu verdadero *Ser*, prestarles atención, apreciarlas y dejar que hagan su trabajo, y podrás vivir la vida de tus sueños.

Mientras escribía este libro, anoté esta afirmación en mi diario, y no dejo de leerla una y otra vez:

Cuanto más me identifico con la luz de mi interior,
Mayor es el resplandor que emito.

Deja, querido lector, querida lectora, que tu luz irradie con la intensidad, el brillo, la fuerza del sol y de la luna. Así es como nos convertimos en iluminados, dejando que la luz de nuestro interior brille resplandeciente día y noche.

Ha sido para mí un gran honor estar contigo en este camino y compartir las enseñanzas del gran gurú del yoga Paramahansa Yogananda. Mi más profunda intención al escribir este libro es dirigirte a la luz y la paz y la alegría que ya llevas en tu interior, y ofrecerte algunas herramientas que te ayuden a construir una vida de amorosa conciencia. Espero que cuando te mires en el espejo veas a otro tú, tu yo real, que puede haber estado oculto en tu vida.

Como me decía mi madre hace años, eres más de lo que crees. Muchísimo más.

Ponte en marcha y sé *tú*.

Con todo mi cariño, tu amiga en el camino.
Kimberly

RECURSOS

Puedes encontrar más información sobre Paramahansa Yogananda y el Kriya yoga en https://yogananda.org.

En https://yogananda.org/lessons-programs puedes consultar *The Self-Realization Fellowship Lessons*.

Lecturas recomendadas

Autobiografía de un yogui, de Paramahansa Yogananda (2010, Asociación Ananda Ediciones).

Otros libros de Paramahansa Yogananda:
(Traducidos al castellano)
El camino de la felicidad (2007, Ediciones Oniro).
Cómo amar y ser amado (2018, Asociación Ananda Ediciones).
Yogananda: pequeñas grandes historias del maestro (2018, Ediciones Obelisco).
El verdadero éxito en la vida (2019, Asociación Ananda Ediciones).
La esencia de la autorrealización: la sabiduría de Paramahansa Yogananda (1999, Ediciones Oniro).

(No traducidos al castellano)
Metaphysical Meditations.
The Yoga of the Gita.
Inner Peace.
To Be Victorious in Life.
Where There Is Light.

Transcending the Levels of Consciousness, de David Hawkins, doctor en medicina, diplomado en investigación.

Dejar ir, de David Hawkins, doctor en medicina, diplomado en investigación.

Belleza radical, de Deepak Chopra y Kimberly Snyder.

Micro-shifts, de Gary Jansen.

NOTAS

Capítulo 1

1. Paramahansa Yogananda, «Illumine Your Life with the Flame of Self-Realization», *Self-Realization*, invierno de 2011.
2. Paramahansa Yogananda, «How to Use Thoughts of Immortality to Awaken Your True Self», *Self-Realization*, invierno de 2005.
3. Paramahansa Yogananda, *Highest Achievements Through Self-Realization* (Los Ángeles: Self-Realization Fellowship, 2019), libro animado.

Capítulo 2

1. Paramahansa Yogananda, *The Divine Romance: Collected Talks and Essays on Realizing God in Daily Life*, volumen II (Los Ángeles: Self-Realization Fellowship, 1986).
2. Bert Tuk, «Overstimulation of the Inhibitory Nervous System Plays a Role in the Pathogenesis of Neuromuscular and Neurological Diseases: a Novel Hypothesis» [versión 2 2; revisado por académicos], F1000Res. 5: 1435 (19 de agosto de 2016). doi: 10.12688/f1000research.8774.1.
3. «Shadow (Psychology)», Wikipedia, modificado el 26 de abril de 2021, https://en.wikipedia.org/wiki/Shadow_(psychology).
4. *Ibid.*

Capítulo 3

1. Paramahansa Yogananda, *Sayings of Paramahansa Yogananda* (Los Ángeles: Self-Realization Fellowship, 1980), 95.
2. Paramahansa Yogananda, *God Talks with Arjuna: the Bhagavad Gita* (Los Ángeles: Self-Realization Fellowship, 1995).
3. Paramahansa Yogananda, *The Divine Romance: Collected Talks and Essays on Realizing God in Daily Life*, volumen II (Los Ángeles: Self-Realization Fellowship, 1986), 93.

4. *Ibid.*, 94.
5. *Ibid.*, 93.

Capítulo 4

1. Paramahansa Yogananda, *Lesson 4: Self-Realization Fellowship Lessons* (Los Ángeles: Self-Realization Fellowship, 2019).
2. Braboszcz *et al.*, «Increased Gamma Brainwave Amplitude Compared to Control in Three Different Meditation Traditions», *Plos One* 12 (1): e0170647 (24 de enero de 2017). doi:1 0.1371/journal.pone.0170647.
3. Jennifer Larson, «What to Know About Gamma Brain Waves», *Healthline*, 22 de junio de 2020, https://www.healthline.com/health/ gamma-brain-waves.
4. Tang *et al.*, «Induced Gamma Activity in EEG Represents Cognitive Control During Detecting Emotional Expressions», *Annu Int Conf IEEE Eng Med Biol Soc.* (2011): 1717-1720. doi: 10.1109/ IEMBS.2011.6090492.
5. *Ibid.*
6. Russo, M. A., Santarelli, D. M. y O'Rourke, D., «The Physiological Effects of Slow Breathing in the Healthy Human», *Breathe* (Sheff) 13(4) (2017): 298-309. doi: 10.1183/20734735.009817.
7. Michael J. Aminoff, *Encyclopedia of the Neurological Sciences* (Elsevier Science Inc., 2003), 54.

Capítulo 5

1. Paramahansa Yogananda, *Where There Is Light: Insight and Inspiration for Meeting Life's Challenges* (Los Ángeles: Self-Realization Fellowship, 2015), 189.
2. Paramahansa Yogananda, *The Divine Romance: Collected Talks and Essays on Realizing God in Daily Life*, volumen II (Los Ángeles: Self-Realization Fellowship, 2017), 11.
3. *Ibid.*, 14.
4. *Ibid.*, 15.
5. *Ibid.*, 5.
6. *Ibid.*, 5.
7. Mark Horoszowski, «5 Surprising Benefits of Volunteering», *Forbes*, 19 de marzode2015,https://www.forbes.com/sites/nextavenue/2015/03/19/5-surprising-benefits-of-volunteering/?sh=2d7db5b6127b.

8. Paramahansa Yogananda, *Journey to Self-Realization: Collected Talks and Essays on Realizing God in Daily Life*, volumen III (Los Ángeles: Self-Realization Fellowship, 1997), 385.
9. *Ibid.*, 160.
10. Witvliet, C. V. O., Ludwig, T. E. y Vander Laan, K. L., «Granting Forgiveness of Harboring Grudges: Implications for Emotion, Physiology, and Health», *Psychological Science* 12 (2001): 117-123.
11. At the Biocybernaut Institute in Sedona, Arizona.
12. «Giving Thanks Can Make You Happier», *Harvard Health Publishing*, 14 de agosto de 2021, https://www.health.harvard.edu/healthbeat/giving-thanks-can-make-you-happier.
13. Paramahansa Yogananda, *The Divine Romance: Collected Talks and Essays on Realizing God in Daily Life*, volumen II (Los Ángeles: Self-Realization Fellowship, 2017).

Capítulo 6

1. Paramahansa Yogananda, *Sayings of Paramahansa Yogananda* (Los Ángeles: Self-Realization Fellowship, 1980).
2. Wayne Dyer, *The Power of Awakening* (Carlsbad, California: Hay House, 2020), 1.
3. Paramahansa Yogananda, *God Talks with Arjuna: The Bhagavad Gita* (Los Ángeles: Self-Realization Fellowship, 1995), 440.
4. Paramahansa Yogananda, *The Divine Romance: Collected Talks and Essays on Realizing God in Daily Life* (Los Ángeles: Self-Realization Fellowship, 2011), 144.
5. *Ibid.*, 147.
6. Dan Zahavi, *Self and Other: Exploring Subjectivity, Empathy and Shame* (Oxford: Oxford University Press, 2014).
7. «Shame and Guilt: The Good, the Bad, and the Ugly», vídeo de YouTube, 1:12:15, «ResearchChannel», consultado el 9 de febrero de 2008 en https://youtu.be/febgutDYP7w.
8. Fergus, *et al.*, «Shame- and Guilt-Proneness: Relationships with Anxiety Disorder Symptoms in a Clinical Sample», *Journal of Anxiety Disorders* 24, n.º 8 (11 de junio de 2010): 811-815. doi: 10.1016/j. janxdis.2010.06.002.
9. Lewis, M. y Ramsay, D., «Cortisol Response to Embarrassment and Shame», *Child Dev* 73 (2002): 1034-1045. doi: 10.1111/1467-8624.00455.
10. Dickerson, S. S., *et al.*, «Immunological Effects of Induced Shame and Guilt», *Psychosomatic Medicine* 6 (2004), 124-131.

11. Paramahansa Yogananda, *Autobiography of a Yogi* (Los Ángeles: The Self-Realization Fellowship, 1946). (Trad. cast. *Autobiografía de un yogui*, 2017, Editorial: Asociación Ananda Ediciones).
12. Paramahansa Yogananda, *The Divine Romance: Collected Talks and Essays on Realizing God in Daily Life*, volumen II (Los Ángeles: Self-Realization Fellowship, 2011).

Capítulo 7
1. Paramahansa Yogananda, *God Talks with Arjuna: The Bhagavad Gita* (Los Ángeles: Self-Realization Fellowship, 1995).
2. Yogananda, Paramahansa. *Where There Is Light: Insight and Inspiration for Meeting Life's Challenges* (Los Ángeles: SelfRealization Fellowship, 1989).

Capítulo 8
1. Paramahansa Yogananda, *Journey to Self-Realization: Collected Talks and Essays on Realizing God in Daily Life*, volumen III (Los Ángeles: Self-Realization Fellowship, 1997).
2. Yaribeygi, H. *et al.*, «The Impact of Stress on Body Function: A Review», *EXCLI Journal* 16 (21 de julio de 2017): 1057-1072. doi: 10.17179/excli2017-480.
3. Melchior, M., *et al.*, «Work Stress Precipitates Depression and Anxiety in Young, Working Women and Men», *Psychological Medicine* 37, n.º 8 (2007): 1119-1129. doi: 10.1017/ S0033291707000414.
4. HeartMath, «How Stress Affects the Body», *Health & Wellness* (blog), 6 de diciembre de 2017, https://www.heartmath.com/blog/ health-and-wellness/how-stress-affects-the-body/.
5. Paramahansa Yogananda, *Where There Is Light: Insight and Inspiration for Meeting Life's Challenges* (Los Ángeles: Self-Realization Fellowship, 1989).
6. Paramahansa Yogananda, *Journey to Self-Realization: Collected Talks and Essays on Realizing God in Daily Life*, volumen III (Los Ángeles: Self-Realization Fellowship, 1997).

Capítulo 9
1. Yogananda, Paramahansa, *Journey to Self-Realization: Collected Talks and Essays on Realizing God in Daily Life*, volumen III (Los Ángeles: Self-Realization Fellowship, 1997), 219.
2. *Ibid.*
3. *Ibid.*

4. *Ibid.*, 295.
5. Paramahansa Yogananda, «Self-Realization: Knowing Your Infinite Nature», *Self-Realization*, otoño de 2003.

Capítulo 10
1. Paramahansa Yogananda, *Where There Is Light: Insight and Inspiration for Meeting Life's Challenges* (Los Ángeles: Self-Realization Fellowship, 2015), 25.
2. *Ibid.*, 23.

Capítulo 11
1. Paramahansa Yogananda, *Autobiography of a Yogi* (Los Ángeles: Self-Realization Fellowship, 1946). (Trad. cast. *Autobiografía de un yogui*, 2017, Editorial: Asociación Ananda Ediciones).
2. *Ibid.*, 112.
3. Lufityanto, G., Donkin, C. y Pearson, J. «Measuring Intuition: Nonconscious Emotional Information Boosts Decision Accuracy and Confidence», *Psychological Science* (6 de abril de 2016). doi: 10.1177/0956797616629403.
4. Gigerenzer, G. y Gaissmaier, W., «Heuristic Decision Making», *Annual Review of Psychology* 62 (enero de 2011), 451-482.
5. Dijksterhuis, *et al.*, «On Making the Right Choice: The Deliberation-Without-Attention Effect», *Science* 311 (17 de febrero de 2006), 1005-1007.
6. Matthew Hutson, «8 Truths About Intuition: What to Know About What You Don't Know», *Psychology Today*, 19 de diciembre de 2019, https://www.psychologytoday.com/us/articles/201912/8-truths-about-intuition.
7. *Ibid.*, 302.
8. Paramahansa Yogananda, *The Divine Romance: Collected Talks and Essays on Realizing God in Daily Life*, volumen II (Los Ángeles: Self-Realization Fellowship, 1986).
9. *Ibid.*
10. Paramahansa Yogananda, *Journey to Self-Realization: Collected Talks and Essays on Realizing God in Daily Life*, volumen III (Los Ángeles: Self-Realization Fellowship, 1997), 111.
11. *Ibid.*, 309.
12. *Ibid.*, 10.
13. *Ibid.*, 73.
14. *Ibid.*, 204.

Capítulo 12

1. Paramahansa Yogananda, *The Divine Romance: Collected Talks and Essays on Realizing God in Daily Life*, volumen II (Los Ángeles: Self-Realization Fellowship, 1986).

2. Lo'eau LaBonta, «Human Energy Converted to Electricity», *Stanford University*, 6 de diciembre de 2014, http://large.stanford.edu/courses/2014/ph240/labonta1/#:~:text=The%20average%20human%2C%20at%20rest,can%20output%20over%202%2C000%20watts.

3. Harinath *et al.*, «Effects of Hatha Yoga and Omkar Meditation on Cardiorespiratory Performance, Psychologic Profile, and Melatonin Secretion», *Journal of Alternative and Complementary Medicine* 10, n.º 2 (abril de 2004): 261-268.

4. Lucas *et al.*, «A Prospective Association Between Hypotension and Idiopathic Chronic Fatigue», *Journal of Hypertension* 22, n.º 4 (abril de 2004): 691-695.

5. Stephanie Willerth, *Engineering Neural Tissue from Stem Cells* (Londres: Academic Press, 2017), PDF, iv.

6. Deligkaris, *et al.*, «Job Burnout and Cognitive Functioning: A Systematic Review», *Work & Stress*, 28, n.º 2 (2014): 107-123. doi: 10.1080/02678373.2014.909545.

7. David Hawkins, *Letting Go: The Pathway of Surrender* (Carlsbad, California: Hay House, 2012), 11. (Trad. cast.: *Dejar ir: el camino de la liberación*, 2014, Ediciones El Grano de Mostaza).

8. *Ibid.*, 11.

9. *Ibid.*, 20.

10. Paramahansa Yogananda, *The Divine Romance: Collected Talks and Essays on Realizing God in Daily Life*, volumen II (Los Ángeles: Self-Realization Fellowship, 1986).

Capítulo 13

1. Paramahansa Yogananda, «Energization», *Self-Realization*, verano de 2016.

2. Sandra Anderson, «The 5 Prana Vayus Chart», *Yoga International*, https://yogainternational.com/article/view/the-5-prana-vayus-chart.

3. Paramahansa Yogananda, «The Divine Art of Erasing Age and Creating Vitality», *Self-Realization*, otoño de 2007.

Capítulo 14

1. Paramahansa Yogananda, *The Divine Romance: Collected Talks and Essays on Realizing God in Daily Life*, volumen II (Los Ángeles: Self-Realization Fellowship, 1986), 330.
2. *Ibid.*
3. Paramahansa Yogananda, *Autobiography of a Yogi* (Los Ángeles: Self-Realization Fellowhip, 1946). (Trad. cast. *Autobiografía de un yogui*, 2017, Editorial: Asociación Ananda Ediciones).
4. Paramahansa Yogananda, *The Divine Romance: Collected Talks and Essays on Realizing God in Daily Life*, volumen II (Los Ángeles: Self-Realization Fellowship, 1986), 330.

Capítulo 15

1. Paramahansa Yogananda, *The Divine Romance: Collected Talks and Essays on Realizing God in Daily Life*, volumen II (Los Ángeles: Self-Realization Fellowship, 1986), 330.
2. Paramahansa Yogananda, *Para-Grams* (Los Ángeles: Self-Realization Fellowship).
3. Paramahansa Yogananda, *Where There Is Light: Insight and Inspiration for Meeting Life's Challenges* (Los Ángeles: Self-Realization Fellowship, 2015), 87.
4. Hunt, T. y Schooler, J., «The 'Easy Part' of the Hard Problem: A Resonance Theory of Consciousness», *Authorea* (4 de enero de 2019). doi: 10.22541/au.154659223.37007989.
5. *Ibid.*
6. Steven Strogatz, *Sync: How Order Emerges from Chaos in the Universe, Nature and Daily Life* (Nueva York: Hyperion, 2003).
7. *Ibid.*, 11.
8. Rollin McCraty, *Science of the Heart*, volumen 2: *Exploring the Role of the Heart in Human Performance* (Boulder Creek, California: HeartMath, 2015), 1.
9. David Hawkins, *Power Vs. Force: The Hidden Determinants of Human Behavior* (Carlsbad, California: Hay House, 2012), 55. (Trad. cast.: *El poder frente a la fuerza*, 2015, Ediciones El Grano de Mostaza S.L.).
10. *Ibid.*, 26.
11. *Ibid.*, 26.
12. Paramahansa Yogananda, *Autobiography of a Yogi* (Los Ángeles: Self-Realization Fellowship, 1946). (Trad. cast. *Autobiografía de un yogui*, 2017, Editorial: Asociación Ananda Ediciones).

Capítulo 16

1. Paramahansa Yogananda, *Scientific Healing Affirmations* (Los Ángeles: Self-Realization Fellowship, 1929).
2. *Ibid.*
3. *Ibid.*
4. Paramahansa Yogananda, *Where There Is Light: Insight and Inspiration for Meeting Life's Challenges* (Los Ángeles: Self-Realization Fellowship, 2015), 42.
5. Paramahansa Yogananda, *Scientific Healing Affirmations* (Los Ángeles: Self-Realization Fellowship, 1929).

Capítulo 17

1. Paramahansa Yogananda, *Journey to Self-Realization: Collected Talks and Essays on Realizing God in Daily Life*, volumen III (Los Ángeles: Self-Realization Fellowship, 1997).
2. Paramahansa Yogananda, *Where There Is Light: Insight and Inspiration for Meeting Life's Challenges* (Los Ángeles: Self-Realization Fellowship, 2015), 84.
3. Paramahansa Yogananda, *Man's Eternal Quest: Collected Talks and Essays on Realizing God in Daily Life*, volumen I (Los Ángeles: Self-Realization Fellowship, 1975).
4. Pascual-Leone, *et al.*, «Modulation of Muscle Responses Evoked by Transcranial Magnetic Stimulation During the Acquisition of New Fine Motor Skills», *Journal of Neurophysiology* 74, n.º 3 (1995): 1037-1045.
5. Paramahansa Yogananda, *Scientific Healing Affirmations* (Los Ángeles: Self-Realization Fellowship, 1929).
6. Margie Warrell, «How to Best Self-Doubt and Stop Selling Yourself Short», *Forbes*, 9 de diciembre de 2017, https://www. forbes.com/sites/margiewarrell/2017/12/09/doubt-yourdoubts/?sh=2480141b151a.

Capítulo 18

1. Paramahansa Yogananda, *Autobiography of a Yogi* (Los Ángeles: Self-Realization Fellowship, 1946). (Trad. cast. *Autobiografía de un yogui*, 2017, Editorial: Asociación Ananda Ediciones).
2. Paramahansa Yogananda, *Cosmic Chants* (Los Ángeles: Self-Realization Fellowship, 1974).
3. *Ibid.*
4. *Ibid.*

5. Paramahansa Yogananda, *Journey to Self-Realization: Collected Talks and Essays on Realizing God in Daily Life*, volumen III (Los Ángeles: Self-Realization Fellowship, 1997), 280.

Capítulo 19

1. Paramahansa Yogananda, *Man's Eternal Quest: Collected Talks and Essays on Realizing God in Daily Life*, volumen I (Los Ángeles: Self-Realization Fellowship, 1975).

2. Paramahansa Yogananda, *Journey to Self-Realization: Collected Talks and Essays on Realizing God in Daily Life*, volumen III (Los Ángeles: Self-Realization Fellowship, 1997).

3. Paramahansa Yogananda, *God Talks with Arjuna: The Bhagavad Gita* (Los Ángeles: Self-Realization Fellowship, 1995).

4. Paramahansa Yogananda, *Highest Achievements Through Self-Realization* (Los Ángeles: Self-Realization Fellowship, 2019).

5. Paramahansa Yogananda, *Man's Eternal Quest: Collected Talks and Essays on Realizing God in Daily Life*, volumen I (Los Ángeles: Self-Realization Fellowship, 1975).

6. Paramahansa Yogananda, *The Law of Success* (Los Ángeles: Self-Realization Fellowship, 1989).

7. https://www.goodreads.com/author/quotes/22033.Brian_Tracy.

8. Paramahansa Yogananda, *Journey to Self-Realization: Collected Talks and Essays on Realizing God in Daily Life*, volumen III (Los Ángeles: Self-Realization Fellowship, 1997).

9. «What You Need to Know About Willpower: The Psychological Science of Self-Control», *American Psychological Association*, 2012, https://www.apa.org/topics/willpower.

10. Paramahansa Yogananda, *The Divine Romance: Collected Talks and Essays on Realizing God in Daily Life*, volumen II (Los Ángeles: Self-Realization Fellowship, 1986).

11. Srinivasan Pillay, «Is There Scientific Evidence for the 'Law of Attraction'?», *HuffPost*, 17 de noviembre de 2011, 257. Notas finales https://www.huffpost.com/entry/is-there-scientificevide_b_175189#:~:text=Recent%20brain%20imaging%20studies%20are,discovery%20of%20%22mirror%20neurons%22.&text=Our%20actions%20cause%20similar%20action%2Drepresentations%20in%20the%20brains%20of%20 others.

12. *Ibid*.

13. *Ibid*.

14. *Ibid*.

15. *Ibid*.
16. Paramahansa Yogananda, *The Second Coming of Christ: The Resurrection of the Christ Within You*, discurso 32 (Los Ángeles: Self-Realization Fellowship, 2004).
17. Paramahansa Yogananda, *The Divine Romance: Collected Talks and Essays on Realizing God in Daily Life*, volumen II (Los Ángeles: Self-Realization Fellowship, 1986).
18. Askvik, *et al.*, «The Importance of Cursive Handwriting over Typewriting for Learning in the Classroom: A High-Density EEG Study of 12-Year-Old Children and Young Adults», *Frontiers in Psychology* 28 (julio de 2020). https://doi.org/10.3389/fpsyg.2020.01810.
19. Paramahansa Yogananda, *Man's Eternal Quest: Collected Talks and Essays on Realizing God in Daily Life*, volumen I (Los Ángeles: Self-Realization Fellowship, 1982), 409.
20. Paramahansa Yogananda, *Journey to Self-Realization: Collected Talks and Essays on Realizing God in Daily Life*, volumen III (Los Ángeles: Self-Realization Fellowship, 1997), 380.
21. *Ibid.*, 280.

Capítulo 20
1. Paramahansa Yogananda, *God Talks with Arjuna: The Bhagavad Gita* (Los Ángeles: Self-Realization Fellowship, 1995).
2. *Ibid.*, 427.
3. *Ibid.*, 434.
4. *Ibid.*, 243.
5. Paramahansa Yogananda, *Where There Is Light: Insight and Inspiration for Meeting Life's Challenges* (Los Ángeles: Self-Realization Fellowship, 2015), 23.

Capítulo 21
1. Paramahansa Yogananda, *Man's Eternal Quest: Collected Talks and Essays on Realizing God in Daily Life*, volumen I (Los Ángeles: Self-Realization Fellowship, 1982).

AGRADECIMIENTOS

Mi más profundo agradecimiento es, primero y ante todo, para Guruji Paramahansa Yogananda. Gracias por todas las extraordinarias enseñanzas que impartiste al mundo para que nos ayuden a orientar de nuevo nuestra vida hacia la verdad. Hablar de ellas e insistir en su valor ha sido uno de los mayores honores de mi vida. No existen palabras para expresar mi profunda gratitud y todo el aprecio que te tengo.

Estoy mucho más que agradecida a Hay House por creer en mí y ayudarme a hacer realidad, juntos, la idea de este libro. En particular, quiero dar las gracias a Reid Tracy, Patty Gift y Allison Janice por ayudarme desde el principio. Y gracias de verdad a mi admirable y entregada editora, Melody Guy, por sus consejos profesionales y su incansable apoyo al proyecto. Gracias a Tricia Breidenthal y demás componentes del equipo de diseño por ayudarme a dar forma a esta idea.

Muchísimas gracias a mi querido amigo el escritor Gary Jansen, por ser para mí un recurso inagotable y de valor incalculable para contrastar ideas y por las innumerables horas de charla y debate espirituales. Gary, eres uno de mis más queridos amigos del alma, y no sé cómo agradecerte como mereces que hayas estado siempre presente como una roca en la que poder apoyarme. Eres un ser humano extraordinario.

Mil gracias a *Self-Realization Felloship* por todo el apoyo que me ha prestado para escribir este libro. No sé cómo describir la gratitud que siento hacia el hermano Satyananda por estar siempre a mi lado a lo largo de los años y hacia Lauren Landress por revisar, sin ceder nunca al cansancio, el original y asegurar la exactitud de las enseñanzas y las citas de Yogananda.

Me siento sumamente agradecida por contar con el mejor equipo para sacar adelante Solluna, el cual ha conseguido que nos sintamos como una familia. John Pisani ha sido mi socio en la empresa desde el primer día y, además, también es mi mejor amigo y padrino de mis hijos. John, soy incapaz de expresar como debiera la profunda gratitud que siento. Gracias, gracias por poder contar siempre contigo. Katelyn Hughes también lleva conmigo muchos años, y es como la Madre Tierra siempre batallando por el bien, y a la que quiero y aprecio como de aquí a la luna más el viaje de vuelta. Gracias a Nicol Komitz y todas las demás extraordinarias superestrellas de Solluna que todos los días se dedican con cariño al servicio de la comunidad. Me siento profundamente agradecida a Casey Edo, Bianca Busketta y Brittany Marshack, nuestro inmejorable equipo de recursos humanos, al que adoro.

Muchísimas gracias a Laura Pringle, mi alma gemela y sanadora intuitiva, que siempre me ha acompañado de la mejor forma que un ser humano pueda hacerlo con otro. Te lo agradezco de todo corazón.

Estoy infinitamente agradecida a nuestra comunidad de Solluna, a todos los lectores y miembros a quienes tengo el honor de acompañar en su viaje (también por el ciberespacio). Sois todos estupendos y me motiváis día tras día. Os estoy muy agradecida y os doy las gracias por nuestra hermosa relación.

Son muchos los amigos y escritores a quienes estoy agradecida y que me han influido a lo largo de los años, en especial Deepak Chopra y el doctor David R. Hawkins.

A ti, Mick, te agradezco que me acompañes en mi camino de crecimiento personal. Y muchísimas gracias a mis admirables padres, Bruce y Sally, por dejar espacio para esta alma a lo largo de este increíble viaje. Y muchas gracias a mi tía Lourdes, que vivió con nosotros desde que nací hasta mi adolescencia y es un ser humano que realmente personifica el amor puro. Gracias por quererme tanto.

Muchísimas gracias a mis hijos, Emerson y Moses, que son mis pequeños maestros de amor incondicional y presencia. Mi corazón nunca ha dejado de estar abierto desde que tuve el honor de ser vuestra madre.

Y por último, pero no por ello con menor emoción, quiero dar las gracias a mi querido esposo, Jon, mi Rey, mi Rama. Eres mi alma gemela y me has ayudado a madurar, a aclarar mis ideas y a vivir lo que deseaba con toda mi alma. Eres una fuerza del amor y la felicidad, y me siento mucho más que agradecida por habernos conocido. Te quiero.

LA AUTORA

Kimberly Snyder es guía espiritual, maestra de meditación, nutricionista y especialista en bienestar holístico. Ha sido número uno en la lista de ventas de *The New York Times* con cinco de sus libros, uno de ellos, el gran éxito *Belleza radical*, del que es coautora con Deepak Chopra. Kimberly dirige el popular pódcast *Feel Good*. Es la fundadora de Solluna®, una marca de estilo de vida holístico que ofrece productos de bienestar, cursos digitales, Meditación Práctica para la Iluminación™ y el Círculo Solluna. Sus obras han sido reseñadas en múltiples medios de comunicación y diversos programas, entre ellos *Good Morning America*, *The Today Show* y *The Wall Street Journal*. Reside en Los Ángeles y Hawái con su marido y sus hijos. Para mayor información sobre Kimberly y Solluna, consulta @_kimberlysnyder y www.mysolluna.com.